佐高 信

Sataka Makoto

この国の会社のDNA

JN042934

はじめに

横浜の市民を対象に講演をした時のことが忘れられない。戦前から続く修養団という社会教育団体が行っている「みそぎ研修」（冬の早朝などに伊勢神宮を流れる五十鈴川にフンドシ一つで入らせる水行）に日立製作所や東芝が社員を参加させていると話したら、質問の時間にある女性が立ち上がって、こう言ったのである。

「ウチの息子は東芝に入っていますが、そんな話は聞いたことがありません」

突っかかるような調子でそう言うので、

「あなたが知らないだけです」

と私も冷たく言い返した。

都合の悪い情報はネットには流れない。しかし、会社を選ぶにあたって必要なのは負の情報だろう。たとえば三井住友銀行が過去に起こしたイトマン事件などは、銀行も隠すし、簡単には出てこないのである。

〝日本財界新聞〟とも揶揄される『日本経済新聞』の関連雑誌である『日経ビジネス』編の『良い会社』（新潮文庫）という本がある。そこに「良い会社度を測る10項目」が掲示されているが、皮肉な意味でこの国の会社の実態を伝える。いくつか挙げてみよう。

○サービス残業――時間外労働には対価が支払われる。
○自発性尊重――社員の希望をかなえ、納得ずくで仕事をさせる。
○休日――大切な休みを社用でつぶさない。
○雇用契約――社員を人間として尊重する。
○上下関係――上司への全人格的従属をせずに済む。

これを読んでショックを受けないだろうか。残業代を払う会社は「当たり前の会社」ではなく、何と「よい会社」になってしまうのである。「大切な休みを社用でつぶさない」が「よい会社」だということは、簡単には休日も休めなくて過労死が少なくないことを意味する。

さすがに『日経ビジネス』は日本の会社を熟知している。この本は、実は１９９２年に発行されたのだが、そこに書かれた実態の基本的な構図は今も変わっていない。

語るに落ちたのが「社員を人間として尊重する」だろう。これらの項目がふつうに実践されていたら、ワンマン経営者に対する内部告発の必要性もないのに、「上司への全人格的従属」があり、「社員を人間として尊重」しないのがこの国の会社の現実だということを『良い会社』は示している。かつてはダイエーに中内㓛がおり、いまは日本電産に永守重信がいるということなのだ。時は経っても体質は変わらずである。多くの人に知られていないそうした現実を、私は個々の会社について本書で具体的に語った。苦いかもしれないが、知る必要のある稀少な情報満載の本である。

目次

Part 2 ものづくり系企業（各種製造業）❷「カイシャの品格」篇

Part 3 **インフラ系企業（情報通信／電気／ガス／運輸）**

Part 4 金融系企業（銀行・保険／証券など）

Part 5
建設・不動産系企業

Part 6 流通系企業（スーパー／小売業／商社など）

Part 7 サービス系企業（飲食など）

Part 8 マスコミ系企業（新聞／放送）

＊本書は、日刊ゲンダイDIGITALに、2020年7月から2022年7月にかけて連載した「この国の会社」を元に加筆修正したものです。

Part 1

ものづくり系企業（各種製造業）❶「リーダーの資質」篇

「企業は公器なり」を実践した東洋水産創業者、森和夫という〝野人〟

インスタントラーメンでは首位の日清食品よりも、「マルちゃん」の東洋水産が気にかかる。それは創業者の森和夫が田夫野人《でんぶやじん》の魅力的な人だったからだ。

特に経営者からは敬遠されることの多かった私を、森は母校の東京水産大（現・東京海洋大）の同窓会に招き、講演させた。

その席には大手水産会社の元社長たちもいたが、私は遠慮せずに、政治家や財界人が「長」の肩書を欲しがり、いつまでも辞めないのは勲章が欲しいからだと批判した。

おそらく勲章という大人のワッペンをもらった人も少なからずいたと思われる。そこで、森は頓着なく、大きな声で、私の講演に合わせるように「勲章なんかもらう人の気が知れないなあ」と言っていた。

そして、その後、社内報に、それを名誉と考える人にケチをつける気はないが、と前置きして、次のように書いていたのである。

「ただ賛成できないのは受章披露とかで、一流ホテルの大広間を買い切り（貸し切り）、この忙しい時にも大勢の人を集めて祝賀会なるものを自ら開くことだ（表面は仲間や部下が主催者になっていることが多い）。スピーチもあまりいただけないものが多いし、それよりチョコナンと同席される、苦労をにじませた、しかし嬉しそうな令夫人（オバーチャンが多い）を眺めると、まったく気の毒に思う。しかもこの経費は大体会社もちか、ご祝儀でお釣りがくるというから、なお浅ましく馬鹿げている」

この森をモデルに高杉良は『燃ゆるとき』（実業之日本社、のちに新潮文庫など）を書いたが、羞恥心が強く、謙虚な森は「私のことなんか」と2年間も断り続けた。

それを承諾したのは「企業は公器なり」ということを理解してもらいたいと思ったからだった。日清食品の安藤百福《あんどうももふく》がそうだったように、個性が強く、創業期に苦労した経営者ほど、企業を私物化して、息子に会社を継がせる。しかし、株式を公開する以上、それは当然のことではないだろう。

〝世界のラーメン王〟を自任する安藤と、森はカップめんの特許をめぐって争い、一歩も退かなかった。日清が結局、安藤家の会社になっていることも意識して、森は私に「企業は公器だという ことを貫きたい」と強調した。こんなエピソードもある。トップとしての在職年数等で規定通りに計算すると20億円以上になる自分の退職金を「高すぎる」と言って、3億円にしたのである。それも、あまりに安くすると他の役員が退職金を受け取りにくくなるからと言われて決めた額だった。

3歳の時に母親と死別し、姉夫婦に育てられた森だが、そんな苦労をつゆほども感じさせず、朴訥な磯の香りを漂わせながら、明るく笑っていた。

そんな森もいまは亡い。

「企業は公器なり」を主張し、実践した森の精神が現在の東洋水産にも息づいていることを願うばかりである。

自民党を応援しながら護憲を唱えた平田牧場創業者、新田嘉一の企業家精神

同郷の身びいきで言うわけではないが、山形県酒田市が本拠の平田牧場の創業者、新田嘉一《にったかいち》は企業家精神に満ちている。冒険性、社会性といった企業の原点を新田は教える。

平田牧場の三元豚はコメを食う豚として有名になった。コメ余りが騒がれた時、それを飼料としたのである。それだけでなく、中国黒竜江省の求めに応じて、トウモロコシを輸入した。トウモロコシは中国人にとっては日本人にとってのコメのようなものだが、日本の豚のエサにするほど収穫できるのか？　そう心配する新田に黒竜江省は大丈夫だと答える。しかし、それをどう運ぶか？　新田はとても無理だと考えられていたハルピンから酒田へのルートを開拓した。当時のソ連（現ロシア）、中国、そして日本がからむ話を、新田はねばり強く推進した。

新田の中国への関心はその平和思想にも由来する。自民党を応援しながらも新田は「9条の会」に入って護憲を唱えているのである。1933年生まれで「戦争はみじめさしか生まない」こと

を骨身にしみて知っている新田は、この憲法を変えようなどという人間はおかしいとまで言う。

新田には小さいころからフロンティア精神があり、稲作農家の長男に生まれたのに畜産がやりたいと主張した。当時、それはとんでもないことであり、勘当されそうになる。その時、家族会議でただ一人、

「そんなにやりたいんなら、やらせてやれ」

と賛成してくれたのが祖母だった。鶴の一声ならぬおばあちゃんの一声である。稲作は弟がやることになった。

この一声がなければ、いま評判の「平牧三元豚」は生まれなかった。

「女性のパワーに男性はかないませんね」

と新田は言い、

「女性は妥協しないですから、男は簡単に妥協してしまう」

と続けた。

平田は地名から来ているが、新田牧場としなかったのもいい。会社は社会によって育まれることを知っているのである。

新田を畜産に進ませるのに一役買ったのは、後に酒田市長となった小山孫次郎である。東大農学部出の小山は東畑精一の弟子だった。小山の従兄が本間病院院長の本間誠で、隠れもなき共産党員。著名な本間家の変わり種の誠を支えて新田は革新市政の誕生に走り回った。

免疫学者の多田富雄は桃園豚について触れている。飼育が困難で絶滅の危機にあったそれは中国でも台湾でも種が尽きて、平田牧場だけが細々と受け継いでいる貴重な品種なのだという。多田によれば「その味といったら、到底並の黒豚などとは比較にならない」とか。

新田は中国の人間国宝である黄胄（こうちゅう）が苦境に陥った時に危険を冒して助けたのが縁で、彼の絵を所蔵している。文化を愛する新田は平和を愛し、憲法を愛しているのである。

アサヒビールの樋口廣太郎は勲章より苦情を大事にした

〝朝日ビール〟ではなく〝夕日ビール〟だなどと言われるほど落ち込んでいたアサヒビールの再建に住友銀行（現・三井住友銀行）から村井勉や樋口廣太郎《ひぐちひろたろう》が送り込まれた。

村井にインタビューした時、住友金属工業（現日本製鉄）のドンだった日向方齊《ひゅうがほうさい》から、「おまえ、いいとこ行ったな。これ以上悪くなりっこねえよ」と励まされたと爆笑していたのが忘れられない。借金が3000億あると言ったら、「高炉一本だね」と返されて、気が楽になったとか。

それほどに沈み込んでいたアサヒビールの業績を奇跡的に回復させるのに、樋口のキャラクターを逸することはできない。

「苦情が大好き」な樋口は、酔っ払いを含めてかかってきた電話はすべて確認させるようにし、こちらから「こんにちは」と電話をかけた。まさか社長自らが電話をかけてくるとは思わないので、「ホンマに、あんた社長なの」と疑われたこともあった。

「苦情というのは成長のもとですよ。やっぱり刺激受けるから、非常にありがたいと私は思う」

こう語る樋口に、

「わざわざ電話をよこすというのは、かなりしつこい人でしょう」

と尋ねると、樋口は

「そういうこと大好きなの」

と笑っていた。

大方の財界人からは毛嫌いされた私などに対しても壁をつくらず、自分が主宰するフォーラムの講師に招いて、私を「あらまほしき評論家の一人」などと紹介していた。

その時の講演で、私が「勲章はもらった人より辞退した人に人物がいる」と言ったら、樋口はその場で、迷っていたけれども勲章を辞退することに決めたとコメントした。その後、叙勲の廃止を提言し、右翼に騒がれたこともある。勲章というカタチより苦情というナカミを大事にする樋口に改めて拍手である。

今のサントリーに佐治敬三に感じた「コハク色の文化の匂い」はあるか

大下英治の問題作『小説電通』（徳間文庫）に、電通の〝威力〟を示すものとして、次のようなエピソードが挿入されている。

ウイスキー業界大手の「カントリー」に黒田という宣伝係長がいて、悪どく私腹を肥やし、懲戒解雇になった。外車を購入した代金をテレビ局に払わせたり、スポット広告を誤魔化して実数との差額を懐に入れたりは朝飯前で、ついには世田谷に豪邸を建て、銀座の女から女優まで片っ端から手をつけて遊んだ。

それを知った週刊誌が一斉に動いたが、電通が手をまわして、どこにも載らなかった。しぶとく食い下がることで定評のある『週刊正流』までが降りたのである。同誌に長年、「男性画帖」を連載している作家の山田誠が、どうしても今回のことを記事にするなら、連載を降りると言い張ったのだった。

「山田誠は、同じく作家の海高猛、画家の松原善平とともに、かつてカントリーの宣伝部に籍を置いていた。世話になったカントリーが傷つくことを黙って看過ごすわけにはいかなかったのだろう」と大下は書いている。

いま、カントリーことサントリーや電通にそうした力があるとは思えない。また、山口瞳、開高健、柳原良平といった人をサントリーが抱えることもできないだろう。

現社長の新浪剛史《にいなみたけし》にはおよそ文化的な香りはない。私がインタビューした佐治敬三《さじけいぞう》には、たとえて言えばコハク色の文化の匂いがあった。それはこれから復活するのか、それともこのまま消えていくのか？

1986年春、大阪商工会議所会頭になってまもなく、佐治は「労働者は生産性基準原理にだまされているんです。もっと給料を上げて生活にゆとりをもつべきです」と発言し、当時の日経連会長、大槻文平に激怒された。

私の兄貴分の内橋克人が『毎日新聞』のコラムで「佐治さんはよもや自らの発言をやすやすと撤回して、切ない労働者の心情を裏切ったりはしないであろう」と声援を送ったにもかかわらず、その後、佐治は大槻に謝ってしまった。あそこで内需主導に転換していれば日本の経済も変わったであろうポイントだったのである。

いま、サントリーはビールを成功させているが、当時は医薬品に力を入れていた。

「やってみなはれ」の佐治は私の質問にもストレートに答えてくれた。

「薬品はこれからです。金額的にはそれほど大きくならなくても、薬九層倍（くすりくそうばい＝編集部注）と申しまして、ヘッヘッヘッ、いまでもかなり利益率の高い商売でございましてね。ただし、懐妊期間が非常に長くなっているんです」

社長在任期間も長く、私がインタビューしたこの時点で28年ほどだった。「よう飽きもせんでやっているもんやなと思って」と笑っていたが、「社長業って、おもしろい?」と尋ねると、「それは、あんた、上に一人もおらへんのやから」と再び笑った。その笑いには私の追及を封ずる魅力があったが、現社長にはそれは微塵もない。

米国で生き抜いたベニハナのロッキー青木はなぜ冒険するのか

今回は、「この国の会社」ではなく、「この国の人間」がアメリカにつくった店のことを書く。鉄板焼きレストラン「ベニハナ・オブ・トーキョー」である。この会社はアメリカだけでなく、イギリスやカナダにも進出した。創業したのはロッキー青木。ニューヨークに1号店がオープンしたのは1964年春だった。

先日、ベニハナに勤めていたという人間に会って、ロッキー青木に興味を持った。

彼の『人生、死ぬまで挑戦だ』(東京新聞出版局)によれば、彼は酒もたばこもやらず、コーヒーも飲まない。カフェインを体に入れたくないからだという。

もちろん、破天荒なモーレツ人間だったが、しかし、「聞く耳」を持っていた。

ベニハナに他社から引き抜いた有能なアメリカ人エグゼクティブがいて、次々と新しいアイデアを出す。

その経営戦略は実に的確だったが、1年経って契約を更新する時、彼は青木に「続けて働くなら、1年に2カ月のバケーションが欲しい」と言った。

青木はこれが気に入らなくて、彼は去った。

「いまになって、去って行った彼の偉さがわかる」と青木は述懐し、こう続ける。

「休暇は戦うための重要な武器なのである。責任ある人ほど思い切って長期バケーションをとり、疲れた脳をリフレッシュしなければグッド・アイデアを生み出すことはできない。休暇をとらない経営者は、自分の無能を証明しているようなものではないか」

私が会った、現在はベニハナを去った人がベニハナに入ったのは、在米日本企業で週休2日などやっていなかった1980年ごろ、それを実施していたからだった。また、3年間働いたら永住権をもらえるようにするという約束も実現してくれた。

週休2日制は、バケーションを要求してかなえられずに去って行った人のことを考えて、実施されたものだろう。どこかの首相のように、ただ「聞く」だけでなかったのだ。

青木はアメリカ人も日本人も差別なく登用したが、ベニハナの成功に倣って進出した「瀬里奈」等は、日本人だけで固めて失敗し、撤退せざるをえなくなった。

青木は、億万長者と聞いているけど、もっとおカネが欲しいのか、それとも名誉か、と尋ねられて、

「おカネなら、ボクよりもっともうけた男はいるよ。名誉だって、ポケットいっぱい持っているやつが世界中にはごまんといる」

と答え、では何のために冒険するのか、と問われて、こう答えている。

「生きている証が欲しいからさ。ボクにとって、人生とはチャレンジだからね」

そして、「死を恐れることは、生きることを恐れること」と続けているが、まさに企業すなわちエンタープライズとは冒険を意味し、企てを意味する。安住の反対である。

〝花王の暴れん坊〟丸田芳郎の生き方は受け継がれているのか

花王の新社長・長谷部佳宏が「心に残る本」として池井戸潤の『下町ロケット』を挙げている。花王（石鹸）をモデルにした城山三郎の『男たちの経営』を挙げて欲しかったとも思うが、後者に「丸田は入社以来、花王のヤンチャ坊主であった。大きな態度で、太い杉丸太のような体で、あちこちぶつかりながら、しかし、業績は上げてきた」と書かれている丸田芳郎と会った時のことが忘れられない。城山が一緒だった。

１９７１年に社長になった丸田は、就任と同時に総会屋との絶縁を宣言して彼らとの付き合いをやめた。そのため、自宅にも脅しが来たりしたが、動じなかった。

会社の便箋1枚でも私用には使わない丸田は、株主総会でも堂々と彼らと渡り合った。

「君たちが来るから、１０００株や２０００株の婦人投資家が来なくなったじゃないか。こういう投資家は実際に花王の製品を買ってくれて、悪ければ株主として忠告してくれるんだ」

ところが、強面《こわもて》の総会屋が来ると彼女たちは来なくなってしまう。

それで丸田は彼らにこう言った。

「君たちは他の会社に行くと、賛成、賛成と言って一言も文句を言わないくせに、俺のところに来ると文句を言う。カネを出さないのがおもしろくないのか、それとも俺に何か恨みでもあるのか」

それで逆に総会屋から、

「社長は元気ですねえ。社長が好きなんだから、あまりいじめないでくださいよ」

と言われたとか。

「冗談じゃない。こっちは君たちを見ただけで心臓がドキドキして狭心症でも起こしかねない」

と丸田は言い返したというが、丸田の暴れん坊ぶりはつとに有名だった。

しかし、まさに正論だろう。こうした丸田の生き方は現在の社員に受け継がれているのか。いささか心配になる。

財テクに走らなかった硬骨漢
住友電工の川上哲郎に関経連はイヤガラセをした

「電線首位」のこの会社では会長だった川上哲郎を思い出す。川上は城山三郎と一橋大同期で骨のある経営者だった。

「財テクをしない経営者は化石人間だ」と主張した長谷川慶太郎などに煽られて、多くの経営者が〝濡れ手で粟〟の財テクに走り、まもなくバブルが崩壊して、それこそ泡を食っていたころ、私が彼らに申し込んだインタビューは軒並み断られた。己の経営哲学のなさを私に糾弾されると思ったのだろう。

その中で、怯《ひる》むことなく応じてくれた数少ない経営者の一人が川上だった。川上は財テクを退けたから逃げる必要がなかったのだ。

あの当時、財テクをやらないことには勇気と哲学がいった。私が川上に、部下たちが財テクをやろうと言ってきたのを拒否する時、迷いはなかったかと尋ねると、

「なかったですね。基本的に、それはやるべきではないと考えていましたから。やるべきでないというよりも、打算もあったんです。どうせうまくいかないという（笑）。だって専門家がいる分野ですからね。そんなところに入っていって、うまくいくわけがない」

と彼は韜晦《とうかい》していたが、とりわけメーカーでラクしてもうけることをやると、必ずおかしくなる。中高年のリストラに触れて川上は「バブル時代に野放図な経営をしてきて、そのツケを払うために関係のない社員、中間管理職にシワ寄せをしているとしたら、経営者失格ですよ」と言い切った。

そんな川上に私は信頼を寄せ、1994年に彼が関西経済連合会の会長になった時には拍手を送った。しかし、正論を吐く川上がまぶしかったのか、陰湿なイジメが始まり、川上はわずか3年で退任したのである。

川上が関経連会長になった時、下馬評では関西電力会長の小林庄一郎がそのポストに就くと言われていたが、当時の会長の宇野収が、電力のような役所の規制を受ける業種の出身者は経済団体の長にふさわしくないとして、小林をはずし、川上を抜擢した。これに小林をはじめ、関西財界のお歴々が反発し、子どものイジメより暗い老人のイジメが繰り広げられた。関経連に対抗する新しい組織をつくったり、関経連の役員に関電と松下電器（現パナソニック）は会長や社長を送り込まなかったり、そのイヤガラセは度を越えていた。群れない川上を、一人では何もできない老いたメダカたちが突っついているという感じだった。

松下電器も住友金属工業も財テクには熱心だったが、およそ経営とは言えないこんなことをやってきた老害爺いたちが腐臭を放ちながら、ついに川上を関経連会長の座から引きずり降ろしたのである。たとえて言えば、長谷川慶太郎を信奉するバブル派が、城山三郎と親しい硬骨漢を追い出したのだった。

「バブルでは、極めて高い授業料を払ったことになりますが、あの崩壊に私は賛成です」

気負うことなくこう述べた川上の声がいまも私の耳に残っている。いま住友電工に川上精神は生きているのだろうか。

「老害」ここに極まれり。〝社長キラー〟と呼ばれた旭化成の宮崎輝

前項では反バブルの正の遺伝子は受け継がれているかと問うたが、ここでは負のそれが断たれているかと尋ねたい。

この会社で長く社長の座を占め続けた宮崎輝《みやざきかがやき》は〝社長キラー〟と言われた。会長になってもその座を退きたくないために次々と社長を交代させ、果ては、いっそ社長を複数にしたらと放言したからである（１９６１年から85年まで代表取締役社長、92年の死去まで代表取締役会長）。

死ぬまで社長をやった帝人の大屋晋三《おおやしんぞう》（任期は１９４５年から47年、56から80年）は、副社長の首をすげかえて〝副社長キラー〟といわれたが、甲乙つけがたい老害経営者の双璧だった。

作家の杉田望の小説『人事権執行』（ＫＫベストセラーズ、講談社文庫に入る時に『管理職の叛旗』と改題）に、宮崎は「三崎化成の土居盛助」として登場する。

土居は「実に23年間にわたり、社長の椅子に座り続け、さらに会長に就任して以降も、競争相

手を次々と葬り去り、強烈なワンマンぶりを発揮、業界でも異例の長期政権を確立」した。

このワンマンは、かつて社長の椅子を争った大貫深造（モデルは旭ダウの堀深《ほりふかし》）が苦心して大きくした「三崎ウッディ」という会社を吸収合併する。そして島村という男を三崎化成の副社長に迎えようとしたが、島村はそれを辞退して、土居にこう告げる。

「三崎ウッディは大貫顧問と三崎ウッディの社員が一丸となって築き上げたのです。その当事者になんらの相談もなく、売却の話を進めるとはどういうことか。わたしの倫理からいって納得できないのです」

黙っている土居に島村は続けた。

「それにもう一つは、他人が築いた城をまるで詐取するがごとくの方法で、吸収しようとする経営者の倫理……それが株主に許された権利行使だからといっても、それを平然とやることにひとかけらの良心も倫理性も持ち合わせぬ、卑怯卑劣な経営者のもとでは働きたくないということです」

もちろん、ワンマンの土居のなすがままに社員たちが従っていたわけではない。

土居の独断専横に抗議する檄文が出された。公開質問状の形をとった決起宣言である。そこには50余名の中間管理職が名を連ねていた。土居は先が短いからいいが、土居の私物化によって会社がメチャクチャになったら、自分たちはどうすればいいのか。土居の会社ではなく、われわれの会社なのだという意識から、その檄文は書かれていた。

秋元秀雄がキャスターの『情報デスクＴｏｄａｙ』というＴＢＳの番組に出た時のやりとりが忘れられない。読売新聞経済部の記者出身の秋元に私が、「家では粗大ゴミ扱いされる会長や相談役が、会社では威張れるので、いつまでもやめない」と言ったら、秋元が、

「家では粗大ゴミ、会社では生ゴミということだね。生ゴミは会社を腐らせるんだよ」

とスパッと返したのである。

付言すれば、宮崎も最初から〝生ゴミ〟ではなかった。

トップの座に居座ったオリンパスの菊川剛を許した〝日本の静かな株主たち〟

『会社四季報』を開くと、この会社の特色として、「世界シェア7割の消化器内視鏡等医療分野が柱。中国市場は成長中」とある。しかし、経済安保法が通ってしまって「成長中」の中国市場がどうなるのか?

経営陣が迷走しても業績には影響ないということなのか。わずか10余年前、この会社ではマスコミを騒がせた事件が起こった。

ワンマン会長だった菊川剛《きくかわたけし》から「私は思ったように会社を変えることができなかったが、あなたならできると信じている。引き受けてくれるか」と言われて社長に就任したマイケル・ウッドフォードが、菊川の考える方向にではなく、会社を変えようとして解任されたのである。

その内紛劇を暴いた『FACTA』という雑誌を菊川は「ただのタブロイド・ジャーナリズム」と一蹴し、菊川と同じ穴のムジナの財務担当副社長、森久志は「森さん、あなたは誰のために働いているのですか」と尋ねたウッドフォードに「菊川会長です」と答えたという。

会長になってもCEOの座を譲らない菊川に対して、社長となったウッドフォードがそれを求めると、菊川が怒鳴り出したので、ウッドフォードは「私に対して怒鳴りつけるな。私はあんたの走狗（プードル）じゃないんだ！」と言い返した。

菊川らが絶対に露見しないだろうと自信を持っていた同社の不正が暴かれ、2011年11月24日、菊川もついに取締役を辞任せざるをえなくなった。

ところが、菊川らは不正を認めた後も出社する。それについてウッドフォードはこう憤慨した。

「信じられないことだ。証拠の隠滅が行われない可能性がどこにあるのというのだ。私は、すべての社内システムからアクセスを拒絶されたというのに」

なぜ菊川のような人間がトップになり、こうした不正をやるのか。ウッドフォードはその原因の一つを「あまりに静かな株主」に求める。オリンパスの不正な企業の買い取りが表に出てから、欧米の機関投資家やファンドは、公の場で取締役の退陣や情報公開を徹底してやるよう要求した。その一方で、過半数を占める日本の株主は黙ったままだった。

これは株式持ち合いの弊害ではないか、とウッドフォードは指摘する。つまり、相身互いで、会社同士、批判し合わないのだ。

オリンパスにおいて菊川は絶大な権力を誇っていて、自分以外の人間が菊川に異論を唱える場面を一度も見たことがない、とウッドフォードは回顧している。

「私が社長に復帰したら、アメリカ型の強力な社外取締役制度を導入するつもりだ。社長に対しても強い発言権を持ち、経営のかじ取りを監視する役割を担ってもらう。また、フレッシュで有能な人材も登用していきたい」

これがウッドフォードの抱負だったが、この国には菊川のようなトップは掃いて捨てるほどいる。

トヨタ化するホンダ……。創業者・本田宗一郎の理念はどこへ

「お前たち、ホンダが何をやっているのか知ってるか?」

ホンダF1総監督をやることになる桜井淑敏《さくらいよしとし》が入社してまもなくの社員研修に突然現れた本田宗一郎はそう声をかけ、みんなが答えられずにいると、

「ここは人間を研究するところだ。なぜなら人間のことを分からない奴にいい商品は作れない」

と言い放ったという。

『文藝春秋』の2022年1月号で、桜井は本田についてこう語り、「これは普通じゃないな」と思うと同時に「ああ、この人には嘘はつけないな」と思ったと述懐している。

桜井は25歳の時、世界一厳しいと言われたアメリカの排ガス規制法(通称マスキー法)をクリアするための低公害エンジン「CVCC」開発の設計チームのリーダーとなった。その時、本田は、「お前たち、これ、何のためにやっているかわかるか?」と問いかける。そして、「ここでホンダ

が他社に先駆けて低公害エンジンを開発すれば、最後発だったメーカーが世界のトップになる。ホンダにとってこんなチャンスはないんだぞ」とハッパをかけた。

それを聞いて桜井は「社長！」と、帰りかけた本田を呼び止める。そして、「僕は、会社ではなく人類のためにやっているんです」と続けた。のちに知り合うことになる桜井は私と同い年で、決して頭でっかちの人間ではない。必死に努力していた心からの叫びだったのだろう。

本田はジーッと桜井の顔を見つめ、何も言わずに帰って行った。「これはヤバイ。クビになるかも」と桜井は思ったが、もちろん、そんなことにはならず、本田はその1年半後くらいに引退する。その際に出した本の中に「自分が引退を決意したのはこういうことがあったから……」と桜井とのヤリトリが記されていた。

異論を大事にするホンダはソニーと共に、いわゆる「日本的経営」の和の会社ではない。

本田には二度インタビューしたが、経営のことは藤沢武夫に任せて、銀行の通帳も見たことがないと言っていた。ソニーが井深大《いぶかまさる》と盛田昭夫のツートップ経営だったように、ホンダもワンマン経営ではないのである。

本田は社名を本田技研工業としたことを悔いていた。ソニーという社名はいいじゃないかと羨ましがっていた。

会社は社会のものであり、創業者一族のものではない。本田は企業を家業としたくはないと考えて息子を会社に入れなかった。

日本では、本田より松下幸之助の方が人気が高い。しかし、結局、松下電器（現パナソニック）を家業化した松下より、私は本田の方がずっと尊敬されて然るべきだと思う。そうなった時、日本の会社も、そして日本も変わるだろう。ただ、その日が来るかどうかは疑問であり、いまはホンダのトヨタ化、ソニーのパナソニック化という憂うべき事態が進行している。

スズキの鈴木修とホンダの本田宗一郎の違いとは

私の郷里の『山形新聞』および山形放送のドンだった服部敬雄が亡くなった時、「選挙もないのに知事が代わった」と連載していた週刊誌のコラムで書いて、以後、両社から原稿依頼や出演依頼が来なくなった。当時の知事は板垣清一郎だったが、実質的には服部で、〝服部知事、板垣総務部長〟と言われていたからである。

２０２１年２月24日にスズキが代表取締役会長の鈴木修の退任を発表したと知って、そのエピソードを思い出した。

この時点で91歳の鈴木は40年以上、スズキをリードしてきたが、退任後は代表権のない相談役になるという。

しかし、実態は変わらないのではないか。多分、亡くなるまで鈴木はスズキのドンだろう。記者会見で、健康に不安はないと言っているし、「生きがいは仕事。人間、仕事を放棄したら死んでしまう」と思うがままのことを述べているからである。

現スズキの鈴木自動車工業に入社したのは１９５８年。義父の鈴木俊三の後を継いで社長になったのが１９７８年である。そのころ入社した社員は定年でとっくにスズキを去っている。

２０００年に会長に退いたが、後任社長が体調を崩したり、娘婿が急逝したりして、２００８年に社長に復帰した。

インドに進出したり、トヨタと資本提携したりして、スズキを延命させてきた功績はもちろんある。

しかし、後継者の育成は経営者にとって欠かせない仕事のはずである。それに失敗した責任は免れないだろう。

国内販売台数が、２０２０年、ホンダを抜いて2位になったというが、本田宗一郎のようにスパッとトップを退いた潔さは鈴木修には見られない。本田は口を出したくなるからと言って、社長退任後はほとんど会社に顔を出さなかった。できれば修も相談されなければ口を出さない相談役に徹してほしい。

〝企業再建の神様〟早川種三の考え方を DHCの吉田嘉明は理解できるだろうか

会長の吉田嘉明がヘイトスピーチをまきちらすDHCがまだ存続していることが私には理解できない。

吉田は2016年2月の「会長メッセージ」で、政府に批判的な言動をする在日コリアンを「似非《えせ》日本人」と呼んで中傷し、政界や法曹界、そしてメディア等にいる在日が「国民の生活に深刻な影響を与え」ていると非難した。すべて悪質なデマである。

DHCは化粧品やサプリメントの製造販売業の大手だが、消費者はそれを知った上で買っているのだろうか。

さすがに問題になっても、吉田はまったく反省することなく、2020年11月には自社サイトに「ヤケクソくじについて」という呆れるような一文を掲載した。こうである。

「サントリーのCMに起用されているタレントはどういうわけかほぼ全員がコリアン系の日本人

です。そのためネットではチョントリーと揶揄されているようです。ＤＨＣは起用タレントをはじめ、すべてが純粋な日本人です」

このＤＨＣの子会社のＤＨＣテレビジョンが吉田の意を受けて、さらにひどい番組をタレ流している。

ＭＸテレビがＤＨＣテレビジョンが制作した番組をそのまま流し、被害を受けた辛淑玉《しんすご》に訴えられた。それが「ニュース女子」事件である。

女性のための「ニュース＆時事問題トーク番組」と謳って始まった「ニュース女子」で、沖縄の基地反対運動を中傷し、北朝鮮支持の辛淑玉が黒幕としてカネを出しているかのような印象操作をしたのである。

それで辛は番組の司会者の長谷川幸洋とＤＨＣテレビジョンを訴えた。

途中、ＭＸテレビが辛に謝罪する場面があり、辛に頼まれて私と弁護士の宇都宮健児がその場に同席した。

しかしＭＸは座敷を貸しただけとも言える。もちろんデマを流した責任は免れないが、とんでもないのはＤＨＣである。

辛が『世界』の2021年12月号に書いているように、同年9月1日に東京地裁の判決が出て、DHCテレビジョンは550万円の賠償金を払えと命じられた。しかし、長谷川と吉田には批判の切っ先が及んでいない。

ここで私は〝企業再建の神様〟といわれた早川種三《はやかわたねぞう》を思い出す。実に魅力のある人だったが、早川は日本特殊鋼の再建に行った時、大森警察署から、同社には100人余りの共産党員がいると言って、そのリストを渡された。

しかし、早川は「僕は働いてさえもらえば共産党でも大本教でも何でもいいと思っています。企業は教育の場でもなければ政治の場でもない。組合は更生に協力すると言っているんですから、それだけで十分です」と答え、そのリストを突き返したという。この意味が、吉田はもちろん、長谷川にも終生わからないだろう。

「同族会社の長所は独裁」と言った大正製薬3代目・上原正吉の思想

かつて、大塚製薬の贈収賄事件が問題になったが、大正製薬の間違いではないかと思ったほど、その同族企業的体質は似通っている。共に製薬業界では〝薬屋〟扱いされてはこなかった企業である。

1965年に大正のアンプル入り風邪薬パブロンが使用者をショック死させるという事件が起こった。直ちに厚生（現厚労）大臣はパブロンの製造を中止させたが、同社は薬品事故率においてトップの会社でありながら、利益率トップだった。この事件が起きた時、「朝日新聞」の投書欄に次のような声が載った。

「大衆薬メーカーは、効能の範囲を無理やり押しひろげ、使用法はろくに説明せずに、もっぱら心理不安につけこんでいます。ところが薬というものは、それぞれの体質、症状に応じてキメの細かい配慮が必要とされ、ヘタをすれば、かえって害という結果にもなりかねません。にもかかわらずコマーシャルはそんなことは知らんぷりで、とにかく売りまくろうと連呼を続けています」

同社は上原一族の典型的な同族会社で、筆頭株主の上原記念生命科学財団が18・28％の株を所有し、次に元会長の上原昭二が9・39％を持っている（2022年3月末現在）。

大正製薬ホールディングス社長の上原明は旧姓を堀田と言い、住友（現三井住友）銀行の元頭取で〝法皇〟といわれた堀田庄三の次男。元副社長で現在取締役相談役の大平明が元首相の大平正芳の三男だった。孫娘を2人の明と結婚させた〝女帝〟が上原小枝で、一時は代表取締役相談役として息子の昭二をも押さえ、辣腕をふるった。

小枝の亭主で政治の世界に入り、科学技術庁長官の座をカネで買ったといわれた上原正吉は「『商売は戦い』勝つことのみが善である」と題して、こんなことを書いている。

「同族経営の会社は不都合な会社の代名詞のようにいわれている。しかし私は頭から悪い会社と決めつけるのはどうかと思う。大正製薬は、最初から同族会社である。私はその中でずうっと働いてきているから、同族会社の欠点がよく目につく。……だが同族会社にも長所はある。それは独裁ができやすいということだ。……商売は戦争である。戦争は生命を賭けたものである。どうしても勝たなければならない。勝つためには、即断、即決、速攻がなくてはならない」

何をか言わんやだろう。長所として「独裁ができやすい」には開いた口がふさがらない。

この正吉も〝女帝〟には頭が上がらない。福田赳夫と大平正芳が自民党総裁の椅子を争った時、それまでは福田支持だった正吉が大平支持に変わった小枝に言われて、福田の所に支持できないと謝りに行った。

ただ、同社は1912年に石井絹治郎が開き、大正年間にスタートしたのでその社名になった。正吉はそこに入り、大阪支店長となって業績を伸ばした。しかし、経営危機になり、正吉は石井一族との葛藤を経て同社を乗っ取った。上原家はこの話を書かれるのを嫌うらしい。

グリコ森永事件で森永製菓を批判した森下仁丹の森下泰社長

グリコ森永事件を追った岩瀬達哉の『キツネ目　グリコ森永事件全真相』（講談社）を読んでいて、参議院議員で森下仁丹社長だった森下泰の次の発言に猛烈に腹が立った。

１９８４年12月28日、ＴＢＳの報道番組「ＪＮＮニュースコープ」で、森下は、犯人の「かい人21面相」との裏取引に応じない森永製菓の経営陣をこう批判したという。

「たとえば私が、そういう境遇になったらね、ヤミですぐ払いますよ。ヤミですぐ払いますな。そんなもの、警察へ届けてですね……。何百億、何千億と損害を被っておられるわけですね。企業を守る経営者としては、そんなことはできませんな。だから、それは何と言われるかも知らんけど、ヤミでおカネは出します」

これほどエゴむきだしの発言もないだろう。参議院議員であることが信じられない。わが社だけ助かればいいというわけで、公のために必死にガマンして裏取引に応じない森永製菓の足を引っ張っている。

森下泰は、2世経営者が集まる日本青年会議所、いわゆるJCの有力メンバーだった。鹿島の石川六郎や現自民党副総裁の麻生太郎など非常識な問題発言を連発するボンボンたちが集った団体である。

麻生については改めて挙げる必要もないだろうが、石川は談合が批判された時、「話し合うことは悪いことではない」と開き直った。

仁丹は筆頭株主が森下泰山で、社長が森下雄司。つまりは森下家の家業で、株式公開の原則に反している。仁丹に限らないが、公開した時点で創業者利潤を得るのだから、森下家の人間が社長になったりするのは当然ではないのである。

批判する人も呼びたいと言われて、JC全国大会に行ったことがある。冒頭、司会者に「JCに期待するものは」と問われて、「ない」と答えたら、満場シーンとなった。勘違いの2世、3世経営者につけるクスリはない。

(以上、すべて敬称略)

Part 2

ものづくり系企業（各種製造業）❷「カイシャの品格」篇

久遠チョコレートが問うのは、「会社に人を合わせるのか、人に合った仕事をつくるのか」

『死刑弁護人』や『ヤクザと憲法』などのユニークなドキュメントをプロデュースしている東海テレビの阿武野勝彦と『俳句界』の2021年11月号で対談した時、彼が「チョコレートな人々」を映画にしようとしていると発言した。テレビで「久遠チョコレート」という50事業所ほど展開している会社を放送したのだが、「その後」を加えて映画化するというのである。阿武野の発言を引く。

「社長の夏目さんはいま40代なんですが、どんどん事業を展開しています。この人は、20代で、障害を持った人たちが最低賃金すらもらえていないという姿を見て、豊橋の商店街にパン屋を出して雇用したんです。その11年後、チョコレートに出会って転換。パンは、焼き損じたり、日が経ったりすると捨てないといけないですが、失敗してもチョコレートは温め直したらもう1回やり直せる。テンパリングなど作業にこだわりのある人に向いているかもということで。付加価値もパンより大きいので利益を貧困地域の子ども食堂に充てたりと展開していく」

放送後に、「使える障害者しか雇っていないんでしょう」という批判が出たので、社長の夏目は「それならば、寝たきりの人もできる仕事を」とチョコレートを破砕する工房をつくった。

「使える障害者」というコトバに私はひっかかる。会社にとって「使える」ということだろうが、会社を人間に合わせてもいいのではないか。会社本位主義をひっくり返す会社としても私はこの会社に注目したが、「社会をたのしくする障害者メディア」が謳い文句の『コトノネ』の42号に、夏目浩次が始めた久遠チョコレートが取り上げられている。

夏目は都市設計の会社に勤めて「仕方がないを覚えろ」と教えられ、違和感を抱く。

そして障害者施設と関わりができ、クロネコヤマトの宅急便の創業者、小倉昌男の『福祉を変える経営──障害者の月給一万円からの脱出』を読んで、施設の人に問うた。

「そもそも1万円なんて月給じゃないよね」

福祉はおカネじゃないと思っていた彼らはポカンとしたり、嫌な顔をした。

そして夏目は障害者と共にパン屋を始めたが、見事に失敗する。パン屋は重労働の弱い事業だった。いろいろ考えて次にチョコレートをスタートさせる。

「人はみな凸凹あるわけなので、そのままでいいだろうって、それを無理に標準化させてはいけない。ありのままで、それをどういうふうに、凸凹組み合わせていくかっていうことを、チョコレートが実現させてくれた」

夏目はこう語っているが、仕事に合った人を選ぶより、人に合った仕事をつくり出す方がおもしろかったのである。既製服に合った人を探したり、無理矢理、レディメードの服を着せるより、一人ひとりに合った服を見つけるか、つくる方にひかれるという夏目の発想は、とりわけ窮屈な日本の企業社会を超える道を示唆している。

雪印メグミルクの会社としての〝骨密度〟は大丈夫なのか？

２０２２年6月18日付の『朝日新聞』にこの会社の全面広告が折り込まれていて、雪印乳業との関わりを思い出した。２０１１年に日本ミルクコミュニティと統合して現在の社名になっている。筆頭株主は全国農業協同組合連合会で13・64％。以下に農林中央金庫の9・93％などが続く（２０２２年3月末現在）。

私は原則として1社主催の講演会は引き受けないことにしてきた。すべての企業に対して負い目のない距離を保ちたかったからだ。ただ社長の三澤千代治に共感したミサワホームとか、財テク拒否の姿勢を貫いた山中鏆《やまなかかん》が社長だった東武百貨店とかは例外的に講師となった。雪印乳業の幹部研修の講師を受けたのは、どういう理由だったかはわからないが、もちろん、こういう話はしないでくださいとかの注文はなかった。その時、私は集団食中毒事件の際に「俺は寝ていないんだ」と記者に答えて失笑を買った社長の石川哲郎にも会っている。講演で私はかなり厳しい企業批判をしたはずだが、彼らに拒否反応はなかった。そうした経緯があるから言うのではないのだが、雪印であの中毒事件が起こるのなら、日本の他の企業で同じようなことがいつ起こっても不思議ではない。現場を知らずに、あるいは知ろうともせずに後手後手の対応をした石川が特にひどい社長であるわけではなく、残念ながらほとんどの社長がそうである。

その原因は、一つには会社と社会の段差が大きいこと。社会の方はすぐに生産停止だろうと考えるが、会社の中の人間は、まず、お客ではなく、上司や会社の立場を第一に考える。入社当時からそういう思考に馴らされてきて、それと違う発想はできなくなっているのである。2000年7月9日放送のTBS「サンデーモーニング」で、マイクを向けられたサラリーマンの多くが、〝会社人間〟的答えをしていた（中には社長がかわいそうと言った人も）のに対し、会社とは無縁な女性たちが雪印を非難する声をあげていたのは対照的だった。

第二に、生活と生産の遊離が挙げられる。食中毒が発生した時、トップたちはその工場近くに住んではいなかった。だから、生産現場での歪みをすぐには受けとめられなかった。あの中毒事件で不思議なのは、7000人近い社員の中に問題の牛乳を飲んだ人がいなかったのかということである。食品メーカーなのだから、毎日、誰かが抜き打ち的にその製品を飲むようにしていなければならなかったのではないか。各部署の責任者、もしくは担当者がスーパーから買って来て飲むとかすれば、手間のかからない〝危機管理〟になるだろう。いずれにせよ、現在の日本の企業では社長は〝裸の王様〟になっている。

冒頭に引いた広告には大きく「骨密度を高めると言える唯一のトクホ」として「毎日骨ケアMBP」が挙げられている。「中高年の女性を中心に、骨密度の低下に悩む人が増えている」ので、それに対して有効だというのだが、会社の〝骨密度〟は大丈夫なのか？

社員教育に影響を与えてきた「修養団」と宇部興産の中安閑一

この国では会社のカラーというのは簡単には変わらない。たいてい、後継社長は前社長から指名され、そのカラーを変えることは容易ではないからである。

東京は代々木の日本共産党本部の、明治通りをはさんだ向かい側に「修養団」の本部がある。これは財団法人の社会教育団体だが、この修養団が戦前と戦後を貫いて、この国の会社の社員教育に大きな影響を与えてきた。

私が取材を始めた１９８０年代の時点で、修養団の後援会長が宇部興産の元社長、中安閑一《なかやすかんいち》だった。副会長に日立製作所の駒井健一郎、住友金属工業の日向方齊、三菱鉱業セメントの大槻文平などが並んでいるのを見ても、宇部興産が修養団をいかに重視していたかがわかるだろう。

修養団のある講師は「日本を弱体化するＧＨＱの占領政策によって、家庭と学校は破壊されたが、それを辛くも支えたのは企業だ。企業内教育によってようやく秩序が保たれたのだ」と言っていた。

私は1986年に『夕刊フジ』に連載した「ジーンズが背広にかわるとき」で修養団を取り上げたが、1983年1月31日号（国際版は2月7日号）の『タイム』に、修養団の行っている「みそぎ研修」の衝撃的な記事が載った。

参加者は伊勢神宮の五十鈴川《いすずがわ》にフンドシひとつで肩まで入るのである。

白地に黒く「愛　汗」と染めぬいた鉢巻きを締め、明治天皇の「五十鈴川　清き流れの末汲みてこころを洗へ　あきつしま人」という御製《ぎょせい》を歌いながら入る。

修養団神都国民道場の道場主の中山靖雄は「こざかしい理屈を捨て、バカになって物事に挑むきっかけをつかませる」と言っていた。

前掲の中安閑一は誇らしく、こう書いている。

「当社では昭和33年以来、社員教育の一環として大学卒業の新入社員を、毎年4月、伊勢の神都国民道場へ送り修業させている。初めは多少反発もあったようだが、重役、部課長をはじめ管理職も加わり、3泊4日間、寝食をともにして切磋琢磨するこの講習会が、こんにちでは、他に例のないユニークな教育方式として、各方面から注目されるようになった」

トクトクとして中安は続ける。

「世間では、上司と部下の心のつながりの場を、とかく酒の席やその他に求めようとするが、これでは本当の魂の交流とはならない。私はやはり美しい環境と節度と内容のあるプログラムによって進められる修養団の講習を最上の場と思う。この受講の中で、私は新入社員の肩をもみ、彼等は私の肩をもんでくれる。まったく和やかなムードであり、人間同士が心から触れ合うところに大きな意義があると思う」

これをアナクロニズムと思う人は宇部興産にはいられない。東芝も修養団の講習に熱心だが、現在の凋落と無関係ではないだろう。

大川原化工機の冤罪事件を招いた“中国排除”経済安保の偏狭さ

偏狭な政治によって優秀な中小企業が破綻の淵に追い込まれた大川原化工機の事件を語る前に、やはり現在のような中国排除（それに経済安保の名をかぶせる）に抵抗した倉敷絹織（現クラレ）の社長、大原総一郎について触れよう。

大原社会問題研究所を設立した大原孫三郎の息子だった総一郎は企業の社会的責任を強調し、公害の発生者責任を高唱した。

その総一郎が１９６０年代に中国向けにビニロン・プラントを輸出しようとして、いわゆる台湾派の政治家や右翼の嫌がらせを受ける。しかし、彼は自分の考えを曲げず、1年半にわたる粘り強い説得によって、時の首相、池田勇人や、ワンマン吉田茂、それに池田の次に首相になる佐藤栄作らを説き伏せ、このプラント輸出を認可させた。もちろん、中国との国交回復前で、アメリカや台湾の反対も激しかった。現在とよく似ているだろう。この時の思い出を、のちに総一郎はこう書いている。

「私は会社に対する責任と立場を重くすべきだと思うが、同時に、私の理想にも忠実でありたい。私はいくばくかの利益のために私の思想を売る意思は持っていない」

これは、対中プラント輸出を思いとどまれば、アメリカや台湾から商談が来る。その方がずっといいではないかと、彼を翻意させようとする財界人たちに対する答えでもあった。中国に対する戦争責任も総一郎の思想の根底にはあったのである。

『世界』2022年3月号に載った青木理のルポ「町工場vs公安警察」という大川原化工機事件についてのドキュメントを読むと、大企業だから大原総一郎は意思を貫くことができたのであって、中小企業は目をつけられたら逃れられないと、改めて経済安保なるものの危険性を痛感せざるをえない。

2020年3月11日、横浜に本社のある化学機械メーカーの大川原化工機の社長ら3人が警視庁公安部に逮捕され、330日以上にもわたって勾留された。

生物兵器の製造にも転用可能な化学機械を無許可で中国に不正輸出したという容疑をかけられてだった。

同社は経営理念に「平和で健康的な社会作りに貢献する」と謳うほど「平和への貢献」にこだわってきた。

しかし、警視庁公安部外事1課の「強引で偏見に満ちた見込み捜査」によって、クロと認定される。そして東京地検が3人を起訴したが、初公判の4日前に検察が起訴を取り消すという異例中の異例の結果になった。それほどムチャな捜査だったということである。

経済安保なるものが進められていけば、こうした例は増えていくだろう。政治という名の歪んだ思想が生活に基づいた経済をつぶしていくのである。

同社は社長らの逮捕直後から銀行に融資をストップされ、部品の納入元や取引先との関係も大幅に制約されたという。それらは容易に元に戻らない。

小糸製作所株の買い占めでトヨタにケンカを売った男の言い分

この国には KEIRETSU と横文字にもなっている系列会社の問題がある。清水一行はそのものズバリの『系列』(角川文庫)で、日産自動車と市光工業らしい関係をモデルにこれを描いている。「東京自動車」系列の「大成照明器」で、工場の独身寮にクーラーを入れようとした。それに銀行出身の専務が反対する。

「たとえ入れるにしても、東京自動車の関連会社対策室におうかがいを立てなくちゃ。多分贅沢だって言われるでしょう」

こうしたことでいちいち「おうかがいを立て」ないと、合理化不足のネタにされるのである。

世界の注目を浴びたのがトヨタの系列の小糸製作所の筆頭株主にブーン・ピケンズ(2019年死去)率いるアメリカのブーン社がなったことだった。1989年春に発行済み株式の2割から3割近くも保有され、小糸およびトヨタはあわてる。

「日本の大企業は株主に対してアロガント（傲慢）ですね。下請け業者や流通業者、金融機関、さらには政府にまで影響力があるものだから、株主など、まるで召使いみたいに扱われがちです。日本では消費者物価が国際水準よりはるかに高い。従って企業利潤も大きく、株主への配当も多いはずなのですが、そうではない。本当の自由競争が行われている市場社会では、こんなことはあり得ません」

あるインタビューでピケンズはこう言っているが、役員の派遣等を主張して、1990年6月28日の株主総会が決戦場となった。

〝乗っ取り屋〟というレッテルも貼られているピケンズは、米上院商業委員会消費者小委員会の公聴会で、小糸の株主総会に出席した時のことをこう語っている。

「小糸製作所は増収なのに、なぜ減益なのか、それはトヨタとの系列問題があるからではないか」と質問すると、いわゆる総会屋から、「ヤンキー・ゴー・ホーム」と罵られた。

また、あるアメリカ人女性株主は「仕事は何だ。ストリッパーじゃないのか」と汚いヤジを浴びせられた、と。

「トヨタとの系列取引の実態は？」という質問には、営業担当副社長がこう答えている。

「系列という言葉の意味は必ずしも一義的ではありませんが、仮に役員派遣、取引関係、ないし資金その他の面での強い支配・従属関係を言うのだと致しますと、当社はトヨタさんとの間に、そのような関係はございませんので、ご指摘のような系列取引というものも存在致しません。すなわち、当社は、まず役員派遣の面から、確かに過去にトヨタさん自身に勤務していた経歴を有する役員が3名おります。これらの役員はいずれも、当社役員就任以前にトヨタさんを退職され、その後はトヨタさんとは何の関係もない純粋の小糸マンであります」

以後も「トヨタさん」を連発するので、「さんは付けんでいいよ」というヤジがとんだという。語るに落ちるである。

八丁味噌のGI登録問題の異常さ

逆さまなことが認められようとしている。

愛知県岡崎市の「八丁味噌」の元祖が、その名を名乗れなくなりそうなのである。

農林水産省が地域の特定農林水産物を保護するために始めた「地理的表示保護制度（GI）」が悪用され、日本最古の味噌蔵を有する「カクキュー」（屋号）の「合資会社八丁味噌」と「株式会社まるや八丁味噌」が追い詰められているのである。まるやはいま、それを不当として東京地裁に裁判を起こしている。

そもそも、八丁味噌の名前は、岡崎城から旧東海道を西に下ること八丁の距離にある「八丁村」に由来しており、愛知県の組合に広げて、2社を排除する結果になるのは本末転倒以外のなにものでもない。

ドイツほかEU諸国に輸出されているまるやの八丁味噌は（とりあえず、ここではまるやに絞る。

製造方法はカクキューも同じ）江戸時代から続く伝統的な製法を守っており、「二夏二冬」すなわち、足かけ3年もの時間をかけて長期熟成させる。約1・8メートルもの高い木桶に大豆を原料とした豆麹を仕込み、その上にピラミッド状に川石を積み上げるさまは壮観だという。

ところが、それとは違って安易につくられた味噌を八丁味噌と名乗らせようというたくらみがなされた。

岡崎の2社を除いた愛知県のとりわけ6社がGIを利用して、その策謀を成功させようと動いたのである。

6社の中にソニーの盛田昭夫の長男の英夫が関わる味噌屋があった。私は昭夫にインタビューしたことがあるが、能力的に疑問のある英夫をソニーに入れたことなども批判していた私の直撃をも受け入れるような度量が父親にはあった。ただ、その時に講談社の編集部がつけたタイトルが「盛田昭夫、親バカの弁明」で、それには昭夫も苦い顔をしていたという。

それはともかく、この英夫が横車を押して、こんな逆さまなことが起こった。

英夫が頼ったのが、ソニーの元社員で、現在は自民党の実力者を自負しているAだという。Aは明らかなワイロを受け取る事件を起こしながら、当時の検察庁の次期総長候補で自民党の番犬だった黒川某のおかげで逮捕を免れた。睡眠障害とかで病院に逃げ込んだことを記憶している人も多いだろう。

つまり、農水省のGIが政治家によって逆利用されたということなのだ。官僚が官邸の方を向いて国民の方を向いていない典型的な例だ。

皮肉をこめて、農水省が認めたGIの登録基準を挙げておこう。

熟成期間は一夏（3カ月）以上（温度調整を行う場合は25度以上で最低10カ月）、仕込み桶はタンク（木桶も可）を用い、重しの形状は問わない。

伝統の味を守るどころか、それを壊す農水省とその背後のAは端的に言えばミソもクソも一緒にする輩《やから》である。

住軽アルミ建設強行で勃発した「住友角福戦争」

1982年に解散した住軽アルミのことを語りたい。とりわけ、この国では「資本の論理」の外で、会社がつくられたり、消えたりすることがあるからである。

住友グループに〝住友の飛車角〟といわれたライバルがいた。住友金属工業の会長となった日向方齊《ひゅうがほうさい》と住友化学会長だった長谷川周重《はせがわのりしげ》である。のちに住金は新日本製鉄に合併され、新日鉄は日本製鉄に名を改めて、住金もまたなくなった。

日向は1973年に、同じ住友グループに住友化学系の住友アルミがあるのに、精錬から圧延までの一貫生産体制をとるとして、あえて子会社の住友軽金属に住軽アルミをつくらせ、山形県酒田市に工場を建設した。

しかし、電力を食うアルミは採算が合わず、10年で撤退せざるをえなくなる。

住友のリーダーを争う長谷川の住化からは原料を買いたくないという子どもじみた理由で、日向は住軽アルミ建設を強行した。そして創業開始からわずか5年の1982年に撤退を決める。

そのころ私は経済誌をやめてフリーになったばかりだったが、郷里ということもあり、『朝日ジャーナル』に日向の責任を問う一文を書いた。書き出しは流行歌の一節を引いて、

〽嬉しがらせて泣かせて消えた

である。工場進出で酒田は潤い、高校生も地元に就職できると大喜びだった。税制の面でも市が優遇したはずである。

経営は見通しであり、それに対する結果責任を問われるのだが、日向はまったくその責任を取っていない、と私は厳しく断罪した。

住金はブラックジャーナリストを使って、私の素性を洗ったらしい。しかし、酒田の出身とわかって「しょうがないな」となったとか。

「住友酒田戦争」あるいは「住友角福戦争」ともいわれたこの一件の背景にもう少し触れよう。

住友グループ内の二重投資になったわけだが、住友同期の日向と長谷川の争いは激しく、グループで調整できなくて、時の通産大臣、田中角栄が調停に入った。

長谷川は旧制一高、東大の学生時代から、田中の政敵、福田赳夫と縁があり、長谷川と対立す

る日向は、ために田中に頼んだともいわれる。日向は同じ山梨県出身ということから、田中の盟友の小佐野賢治とつながりがあった。

当時、住友のリーダーは住友銀行のドンの堀田庄三で、日本銀行総裁の椅子をねらっていた堀田は、佐藤栄作の後継首相に田中がなることはないだろうと思って、三木武夫、福田、大平正芳の3人にグループとしての政治献金を配り、それを怒った田中が日向の肩をもったという説もある。堀田が田中の目はないと見たのは、田中が小佐野との線で、大阪での住銀の競争相手の三和銀行と近く、田中がなっては困るという思惑もあった。いずれにせよ、メンツ優先のムダなカネ遣いだった。

亡くなった明治乳業社員の妻が中山悠会長に宛てた手紙に書かれていたこと

2009年に明治製菓と明治乳業が統合した明治ホールディングスが、健康意識が高まってヨーグルト類の売り上げを伸ばしていると知って、2004年春に明治乳業会長の中山悠《なかやまひさし》への手紙という形でコラムを書いたことを思い出した。私は同年3月10日に、明治乳業争議団、雪印食品一般労働組合、ネッスル日本労働組合の食品3争議団の勝利を呼ぶ集会で講演したのだが、驚いたのは、あの雪印乳業の事件から、雪印の経営者はもちろん、明治乳業の経営者も何も学んでいないことだった。

明治乳業では当時、30年以上も前から、労働者を赤組、白組、そして雑草組と分断して管理し、差別的な支配を続けていた。それが職場の3人に2人までもが「品質管理に疑問や不安をもって働いている」というアンケート結果となって表れた。

ここに、ガンで亡くなった争議団員のKの夫人が中山に宛てて書いた手紙の写しがある。

Kは労働組合活動を理由とした賃金・昇格差別の是正を求めて東京都労働委員会へ申し立てて闘ってきたが急逝した。そのKがいかに明治乳業を愛していたかを、夫人は次のように訴える。

「(夫は)自宅で療養中、少しでも体力をつけたいと、明治乳業の宅配で自ら牛乳とヨーグルトを注文し、固形物は摂取できなくても牛乳とヨーグルトは欠かさず摂っていました。体力をつければつけるだけガンの増殖は著しく、十二指腸や胃を圧迫し狭窄され、牛乳すらも通過不能となって、体力の低下をいやでも知らされる思いだったと思います。自力で起き上がることもままならず、介助にてようやく起き上がることができている状態となりました。

最後の入院2日前です。『ヨーグルトが食べたい』と言って、明治のヨーグルト1個を一口ひとくち味わうように食べ、『おいしかったよ』と、今までに見せたことのなかった静かな優しい笑顔が脳裏に焼きついて離れません。『明治の製品は一番おいしいんだよ』と言っているようでした。

夫が長い間勤めた会社、明治乳業、自分、そして、仲間のみんながつくった製品を、どこの銘柄よりも一番愛したのではないでしょうか」

胸をうつ訴えだろう。

「『会社をよくしたい』『職場をよくしたい』との愛社精神があればこそ立ち上がったこの争議です。

どうぞ、日本のトップ企業である明治乳業をさらに持続させる本当に大切なこの時こそ、争議の解決を心より願いたい気持ちでいっぱいです。

夫の死を無駄にしないで下さい」

こうした声は中山を含む経営陣を揺り動かすことはなかったのか。

明治製菓と一緒になって、さらに大きくなって、働く者の哀切な声に耳を傾けることはさらに少なくなったのではないかと、私は憂える。大きいことは決していいことではないのである。

「お尻だって洗ってほしい」 TOTOは日本人のライフスタイルを変えた

私は「痔持ち」である。持病の痔病などと言っているが、笑えないほど苦しくなることもある。切ってしまえばいいと言う人もいるが、そう簡単ではない。

同じく痔で悩んでいたのが、作家の小島直記だった。痔は坐業である物書きの〝職業病〟みたいなものだが、私も〝痔主〟なんですと言ったら、即座に、

「ウォシュレットをつけなさい」

と忠告してくれた。

以来、これを愛用している。

旅先のホテルで装備されていない所もあるが、ウォシュレットをつけてから私の朝は苦痛でなくなった。

「お尻だって洗ってほしい」

仲畑貴志がつくったこのコピーは、ユニークなコマーシャルフィルムと相まって、大きな反響を呼んだ。

お堅い日本陶器から衛生陶器の東洋陶器として分かれ、現ＴＯＴＯとなる。

独特のＣＭを本格的にやりだしたのは１９７０年ごろである。

浴槽のＣＭで「お魚になった私」も評判になった。

しかし、「お尻だって洗ってほしい」は、食事時に流れるのはどうかというためらいもあったらしい。

１９９０年に当時の社長、古賀義根《こがよしね》にインタビューした時、私が、

「ウォシュレットは、単に新製品というよりも、日本人のライフスタイルを変えたのではないか」

と尋ねると、古賀は、

「そうですね。もともと洗うという習慣は日本になかったですね。イスラム教徒は水を使って左手で洗うという習慣があって、だから左手は不浄の手とされていますが、昔からイスラム教徒の皆さんはそうやっている。それからヨーロッパにはビデがありますね。日本ではウォシュレットによって新しい習慣が生まれたんじゃないかと思います」

と答えた。

TOTOの経営理念は良品・均質。日本陶器は現在ノリタケカンパニーリミテッドだが、旧東洋陶器のTOTOはその第1号の子会社である。同社は戦後まもなく大争議があり、崩壊しそうになった。それを立て直したのが、日本陶器の技師長で、のちに日本碍子や日本特殊陶業の社長をやった江副孫右衛門《えぞえまごえもん》だった。

社長として再建にあたった江副は、技術者らしく、良品と均質を強調したのである。

均質ということはユニフォーミティーということで、たとえば100個商品をつくって、99個が良品でも、1個不良品だった場合、それを買ったお客さんにとっては100%の不良品になると教えたのである。

ウォシュレットをはじめ、人間の基本に関わる仕事をしているTOTOは、生活そのものを扱う、あるいはライフスタイルを提供する企業として、あくまでも基本に忠実である。

中国人強制労働で自ら和解し謝罪した三菱マテリアルの珍しさ

一時はかなり親交のあった元『日経ビジネス』編集長の永野健二の『経営者』（新潮文庫）は後味の悪い臭みの残る本である。

戦後復興の時代の運輸大臣の永野護が祖父で、新日鉄会長や日本商工会議所会頭をやった永野重雄らが大おじ、そして、三菱マテリアル会長、日経連会長を務めた永野健が父という〝華麗なる一族〟に生まれたためか、その生まれた立場にあまりにも疑問がない。たとえば、鎌田慧の『自動車絶望工場』について、「マルクス主義のイデオロギーに浸ったステレオタイプなトヨタ批判」と断定する。

これには、まず、著者が驚くだろう。この本の英訳本に長い序文を寄せたロンドン大学教授のロナルド・ドーアが、鎌田が書いた季節工と長時間の時間外労働の現状を教えてくれとトヨタに手紙を出したら、中間管理職が飛んできて、「尊敬すべき大学者であられる先生が、どこの馬の骨ともわからなぬひねくれ者が、あのような口ぎたない言葉で書きつらねた本に関係されるとは意外です」と言った。それをドーアはそのまま書き、トヨタは世界に恥をさらしたのだが、永野の認識はこの中間管理職に近い。

永野は誇らしく父の永野健について書いているが、健が健在だったら、三菱マテリアルは2016年に強制労働させられた中国の被害者と和解することはできなかっただろう。

同社は戦前の三菱鉱業だが、最初から一貫して「これは国策に基づく行為だった」と主張していた。そして、2013年の安倍（晋三）首相の靖国神社参拝などで、日中関係は険悪の度をいよいよ高める。それで、同社は「国が和解するならば和解する」という姿勢から「国が反対しなければ和解する」に転ずる。これは日経連会長などをやって国を背負った感じになっている永野健の力が及んでいたらできないことだったろう。

池田香代子他著『花岡の心を受け継ぐ』（かもがわ出版）で、これに関わった弁護士の内田雅敏が「三菱マテリアル和解では、ほかの新聞はみんな肯定的だったんですけれど、読売新聞は『これは中国政府の形を変えた揺さぶりではないか』と批判し、産経新聞も『こういう和解は、民間のこととはいえ、日本政府は放置していいのか』と問題にした」と語っている。

内田によれば、この和解の特徴は、西松建設のそれなどとは違って、裁判所に持ち込んでの和解ではなく、当事者間の自発的な協議での和解だったことや業務執行役員が中国に行き受難者に会って、謝罪をしたことである。また、鹿島の花岡和解の対象者が1000人で、西松が360人であるのに対して、三菱は3765人と規模も違った。下請けまで対象にすることにした時に会社側の代理人は「これは会社がこの問題を解決しようとする決意の表れです」と胸を張ったという。

国家の陰に隠れるのではなく自分の足で歩くことを示した点で、この国の会社には珍しい。

ソビエト連邦の視察団も驚いたブリヂストンの「働く者重視」の経営理念

東京オリンピックもすでに忘れられた感じになっているが、開会式にトヨタやパナソニックと共に国内最高位のスポンサーであるブリヂストンの関係者が出席をとりやめたのは一つの見識だった。同調圧力の極めて強いこの国で「ノー」と言うのは簡単なことではない。

私はそこに創業者の石橋正二郎から受け継がれた独特の経営理念を見る。言うまでもなく、ブリヂストンは石橋を逆にしたブリッジとストーンから来ているが、もともとは同社は久留米の足袋《たび》屋だった。それが地下足袋《じかたび》を売り出し、1923年の関東大震災で需要が激増する。しかし、翌年に工場で火災があり、一時、生産を中止した。すると、各地の足袋会社が一斉に模造の粗悪品をつくり始めたので、正二郎は特許権侵害の訴訟を起こす。その時に新聞に発表した主張がいい。

「われわれは一企業の私利私欲のため係争しているのではない。当社の地下足袋は労働者階級の履物であり、自信をもって品質優秀のものをつくっている。それに対して各地に品質粗悪な模造品が続出しているが、これを黙認すれば労働者階級は結局粗悪品を履くことになり、大衆の不利益となる。われわれの真意はこの粗悪な模造品を一掃して、日本産業に貢献せんとするにある。従って他社がわれわれのつくるものより良い品をつくり、これを安く売るのであるならば、矛をおさめて係争を止めよう」

正二郎の、この働く者重視の考え方は、後年、ブリヂストンの東京工場を見学したソビエト社会主義共和国連邦（現ロシア）の視察団を驚かせ、その福利厚生施設の立派さに目を見張った彼らは、

「ミスター・イシバシは社会主義者か。もしこれがソ連ならば勲章ものだ」

と賛嘆したという。

そしてタイヤに進出し、世界一のタイヤメーカーになるわけだが、問題はいまも正二郎の精神が生きているかである。

中村屋のカリーは「恋と革命の味」
そこに込められた〝辛い意味〟

元気がなくなると、新宿の中村屋に行ってカレーならぬカリーライスを食べる。「恋と革命の味」といわれるカリーである。

中村屋は最初、本郷の東大正門前にあった。1901年に相馬愛蔵《そうまあいぞう》、黒光《こっこう》夫妻がそこでパン屋を開いた。クリームパンのヒットをきっかけに新宿に移ったが、相馬夫妻の下、彫刻家の荻原碌山や詩人の高村光太郎らが集まるようになり、文化的サロンの場となった。単なるパン屋ではないということである。

また、夫妻はインド独立運動の闘士、ラース・ビハーリー・ボースを匿《かくま》う。

そのボースが伝えたのが純インド式カリーである。ボースは匿われている間に相馬夫妻の娘の俊子と親しくなり、結婚して、哲子が生まれた。しかし、まもなく俊子が亡くなるという悲運に見舞われる。それで、「恋と革命の味」と呼ばれるのだが、そこにはかなり辛い意味がこめられている。

悲願のインド独立を果たすため、ボースはイギリスと戦う日本の軍隊に希望を託し、ナチス・ドイツとの連携を訴えるようにもなった。日本のファシスト、大川周明と親しくなって、全国各地を講演して歩いてもいる。

中村屋では、日本で初めて、水ようかんの缶詰をつくった。和菓子が夏には売れないので、和菓子職人として有名だった荒井公平を招き、水ようかんの缶詰を開発させたのである。これは現在でも人気商品となっている。

「故《ふる》きのれんに」と始まる現在の社歌ではない旧社歌は1930年に制定された。

蒼茫かすむ　武蔵野に　見よ朝ぼらけ　紅の
強き光りに　輝きて　礎ふかく　ゆるぎなき
黒き甍《いらか》の　重く摩《ま》す　是ぞ我等が　中村屋

作詞が阿里信で、作曲がマルクラスだが、阿里は社員の萱場有信のペンネームで、マルクラスはロシア革命で祖国を追われたウクライナ出身のピアニストである。ここにもインターナショナルな中村屋の雰囲気が出ている。

「1円入札」事件が示す富士通の〝常識〟と〝非常識〟

この会社には、かつて秋草直之というワンマン社長がいた。業績不振の責任を問われて秋草は「従業員が働かないからだ」と開き直った。こうした〝伝統〟があるためか、同じくワンマンで社長、会長を歴任した山本卓眞の時代に富士通は「1円入札事件」を起こしている。1989年である。

広島市水道局等のコンピュータシステム設計を1円で入札し、問題となった。国内だけでなく海を越えてアメリカからも激しい批判を浴びたのだが、山本は記者会見で、これは「社会通念上、非常識な価格」だと詫びて、落札を辞退した。

ところが、5カ月後に「道義的に問題あるか今も疑問」と、それを全否定するような発言をしたのである。確かに「非常識」だと本当に思っていたら、1円入札などしないだろう。問題になったから謝っただけで、どだい、悪いとは思っていないのである。

その時、コメントを求められて、私は同年11月1日付の『毎日新聞』で次のように批判した。

「ビジネスというものは1回1回正当な報酬を要求するからこそビジネスであって、自分で自分たちの仕事をおとしめているような気がする。今回の入札では、富士通の1円を筆頭に常識外れの応札を、日本を代表するハイテク企業がやっているわけで、それを見ると、日本企業の近代化は表面だけで、実態は封建社会のままだと痛感する。国際化とは外へ進出することではなく、内を開くことだと私は常に考えており、その点で日本企業はまだまだだと思って来たので、実を言うと今回の富士通の件にも驚いてはいない」

富士通には「ミスター・コンピューター」と呼ばれた池田敏雄がいた。遅刻はいつものことで会社に来ないこともある異端の技術者だったが、池田の技術開発によって富士通は成長した。しかし、1974年に51歳で急死している。ある種の窒息死だろう。

ジョニー・デップ主演の映画『MINAMATA』で描かれるチッソの今

ジョニー・デップが写真家のユージン・スミスを演じた映画『MINAMATA』を見た。チッソが有機水銀を垂れ流し続けてきたのをユージンは写真に撮り、それを妨害しようとしたチッソから暴行を受けたわけだが、そんな日本の会社の体質はまったく変わっていない。隠す、脅す、そして潰すというチッソがやったことは、すべての日本の会社に通ずることである。それをまた、メディアは中途半端にしか報じない。「新聞」でなく、「旧聞」だとヤユされることを覚悟して批判し続けなければ、チッソに象徴される日本の会社の封建的で閉鎖的な体質は改まらないのである。

『女帝 小池百合子』(文藝春秋)の著者、石井妙子は、ユージンと共に水俣に住んだ若き妻、アイリーンに焦点を当て、『魂を撮ろう』(文藝春秋)を書いた。

私は有機水銀説を発表した熊本大学の原田正純について『原田正純の道』(毎日新聞社)という評伝を出したが、東京工大の清浦雷作ら御用学者と御用ジャーナリズムは熊大を「田舎の駅弁大学」と侮辱した。現在の原発推進派と同じである。厚生省（現・厚労省）は熊大の研究費を減額までしている。石井が指摘するように「チッソの向こうには国がいる」のだった。

石牟礼道子《いしむれみちこ》と共にチッソを糾弾した渡辺京二は「水俣病問題の核心とは何か。金もうけのために人を殺したものは、それ相応のつぐないをせねばならぬ。ただそれだけである」とビラに書いている。株主総会に1000人を超える患者や支援者が集まったのに対してチッソは右翼団体の大日本菊水会を雇って警備に当たらせた。

現在も旧チッソの水俣工場は操業を続けている。しかし、石井によれば、工場の正門にはチッソと書かれてはおらず、「JNC」と横文字が記されている。Japan New Chisso の略らしい。チッソは社名の変更を求め、被害者はそれに反対してきたが、2011年の分社化と共に国は変更を許可したという。

社名が消えると事件も消える……。田辺三菱製薬になったミドリ十字の教訓

社名が消えると事件も消える。そう考えるのは私だけではないだろう。薬害エイズ事件のミドリ十字という会社は、現在、田辺三菱製薬となっている。吸収されたわけだが、忘れてはならないあの事件で、元社長の松下廉蔵と前社長の須山忠和は業務上過失致死罪で大阪地検から刑事告訴された。

ミドリ十字が血友病の患者に対して非加熱製剤を与えたために、患者がＨＩＶに感染し、死亡したからである。

この裁判は最高裁までいって、２００５年に松下は禁固1年6月、須山は禁錮1年2月の実刑判決を言い渡されて結審している。

同じく経営者に刑事責任を問うた例では、水俣病の事件がある。患者たちがチッソの元社長、吉岡喜一や元工場長の西田栄一を殺人罪で告訴した。

これを受けて熊本地検は2人を業務上過失致死罪で起訴したが、この裁判は最終的に最高裁で禁錮2年、執行猶予3年の刑が確定した。胎児性水俣病患者7人の死亡についてだけの責任を認めた極めて軽いものだった。

それでも、有罪としたのである。しかし、福島第1原発の事故をめぐる東京電力の経営者の責任は問われていない。ミドリ十字に比べて、あまりに被害が巨大だからだろうか。

私が兄事した内橋克人《うちはしかつと》は1982年に当時の東電社長、平岩外四《ひらいわがいし》に、原発は本当に安全なのかと問いかけた。それに対して平岩は、

「安全だと思います。少なくともですネ、あの危険性を持っているものを、事故を起こさないように、というあらゆる思考と措置をとられている限りにおいては安全だ、とわれわれは信じているんです」

と答えている。つまり、「安全」はずっと「信仰」だったのである。

薬学は、かつて毒物学と称した。薬はつまり毒だからである。毒をもって毒を制すが薬だが、ミドリ十字という社名が消えて、その教訓が忘れられてはならないだろう。

三菱グループではないのに商標が使える三菱鉛筆の謎

私は原稿は手書きで、三菱鉛筆のユニボールシグノ太字を使っている。このボールペンはなかなか書きやすい。

ところで、三菱鉛筆は三菱グループの会社ではない。『会社四季報』を開くと、設立は1925年4月とある。三菱が岩崎家の三階菱の紋どころに由来する三菱を名乗る以前に、すでに三菱鉛筆は存在していた。だからみだりに三菱の名をつける会社を監視する「三菱商標事務打ち合わせ会」でも排除できない。

三菱グループには、三菱重工業、三菱商事、三菱電機、三菱自動車など、三菱の名を冠した冠称会社と、東京海上ホールディングス、日本郵船、ニコン、明治安田生命等の非冠称会社がある。要するに三菱と名のついた会社と、ついてはいないけれども三菱グループの会社とがあるということである。

ある幹部は「財界というのは三菱に対抗してできたものなんですよ」と言っていたが、確かに、経団連会長には三井系の東芝出身の石坂泰三や土光敏夫がなっているのが目につく。

三菱が特別である例としては1970年代に財界に中国ブームが訪れた時、当時の三菱重工業社長、牧田與一郎が「エサを見て無定見に尻尾を振るのは卑賎の商法だ」と抵抗し、そんなことをしているとバスに乗り遅れると言われると、「心配するな、オレの会社ではジェット機をつくっている。バスに乗り遅れて困った時はうちの飛行機で送ってやるさ」と豪語した。

事実、後から中国に接近した三菱が大逆転を果たすのだが、中国側もやはり三菱を特別視していたのである。よく、「鉄は国家なり」と言われる。しかし、むしろ良くも悪くも「三菱は国家なり」なのだ。

そんな三菱の名を冠しながら、グループ企業ではない三菱鉛筆があるというのがおもしろい。

「徴用工問題」にみるベンツやフォルクスワーゲンと日本製鉄の違いとは

官営八幡製鉄所を起源にもつ日本製鉄は資本主義の枠外で生きてきたようなところがある。新日本製鉄と住友金属が合併して新日鉄住金となり、旧社名の日本製鉄に復帰したが、八幡製鉄に入社して新日鉄のトップになった稲山嘉寛《いなやまよしひろ》は「ミスターカルテル」と呼ばれ、株主の利益に反すると訴えられても政治献金はやめなかった。「鉄は国家なり」で国と共に、つまり国に依存して歩んできたのである。ならば、国の陰に隠れるのではなく、国とは別に元徴用工訴訟の裁判の判決を受け入れるべきではないか。

2018年秋、韓国大法院は戦時中の日本製鉄の韓国人徴用工に対してその慰謝料請求権を認める判決を下した。それは「日韓の国家間の合意である請求権協定には含まれていない」からである。

中国人強制連行、強制労働問題で被害者側の弁護士として鹿島、西松建設、そして三菱マテリアルの和解に関わった内田雅敏は『元徴用工和解への道』（ちくま新書）で、作家の高村薫の次の警告を引く。

「今回の徴用工判決について日本側が鬼の首を取ったように国際法違反だの、断固たる措置だのと口をそろえていることに大きな違和感を覚える」高村は、「戦前の植民地支配を振り返れば、日本は人権が重視されるいまの時代にふさわしい和解の道を探る責務を負っている」とし、「かつて鹿島建設や西松建設にできたことが新日鉄にできないわけでもあるまい」と断じている。

大体ドイツでは、1988年にダイムラー・ベンツ社が、戦時中に同社で強制労働させられたユダヤ人に2000万マルク（当時のレートで14億円）を支払ったし、フォルクスワーゲン社も91年に「ユダヤ人会議」などに1200万マルクの補償金を支払うことを決定した。企業が独自にこうしたことをやっているのだが、ベンツやフォルクスワーゲンにできたことを日本製鉄はできないと言うのだろうか。

トヨタのパワハラ自殺和解で三菱重工「加用事件」を思い出す

東大大学院を修了して2015年にトヨタ自動車に入った男性が、2年後に上司のパワハラで自殺した件で、遺族とトヨタが和解したという記事が2021年6月7日付の各紙に出ていた。それを読んで三菱重工の加用事件を思い出した。

俗に「人の三井」「組織の三菱」という。三菱は組織で動き、三井は個人プレーも許すという意味である。それは、三菱が組織のためには個人を大事にしない場合があることをも意味する。

その典型例が三菱重工長崎造船所で起こった。1994年1月8日、心筋梗塞で倒れた海洋研究室長、加用芳男について、夫人の豊子が労災申請をしたのに、非協力の冷たい態度をとったのである。

東大工学部船舶工学科博士課程を出て重工に入った加用は、主に氷の研究に従事してきたが、1992年には国家プロジェクトを2つ抱えて寝る間もないほど仕事に追われるようになる。造船不況の最中に、加用には「新分野を開発せよ。しかし、金は1銭も出さぬ。人員は増やさずに減らしていけ」という社命が下されていた。

責任感の強い加用は想像を絶するその激務をこなしていたが、さすがに疲れ果て、「会社をやめたい」と口走るようになる。そして1993年11月、東京出張中に左胸に痛みを感じ、帰った翌日、三菱病院で診療を受けた。この時、加用は48歳。そして翌年1月、娘との約束でテニスに出かけ、倒れる。一命はとりとめたが、重度の脳障害者になった。

豊子が労災申請を求めると、研究室の次長は「そうすると労働基準監督署の調査が入り、不都合なことになる」と言い放った。また、勤労課長は「弁護士に頼むなら、会社は一切資料を出さない」と脅迫めいたことを口にした。「当社は過労（死）はない」のだという。

それにしても、1990年に過労死した課長の労災申請に協力的だった三井物産と、冷酷なこの重工の何という違いか。

トヨタ自動車は豊田家のものなのか

株式を公開する際に、価格が値上がりすれば、創業者はそれを売って、創業者利潤を得る。その後は会社はいわば公のものとなり、創業者もしくは創業家とは一応無縁のものとなる。それがイヤならサントリーのように株式を公開しなければいいのである。

しかし、トヨタ自動車は相変わらず豊田家の人間が社長となっている。対照的にホンダは本田宗一郎が息子を会社に入れなかった。そちらが当たり前なのであり、トヨタの方がおかしいのに、それを疑問視する声はほとんど聞かれない。

「会社国家・日本」では、ノンフィクションよりフィクションが会社の実態を明らかにしてきた。トヨタについて言えば、かつては清水一行の『一億円の死角』(徳間文庫他)があり、最近では梶山三郎の『トヨトミの野望』(小学館文庫)がある。

後者には、トヨタの名誉会長の豊田章一郎が激怒したといわれるが、登場人物は次のように絵解される。「トヨトミ自動車」社長の武田剛平は、1995年に28年ぶりに豊田家以外から代表取締役社長となった奥田碩《おくだひろし》であり、副社長の御子柴宏は、奥田の後継社長の張富士夫《ちょうふじお》、そして豊臣統一が現社長の豊田章男である。テーマは「トヨタは豊田家のものなのか?」。

トヨタの終身雇用の対象は社員だけであり、業績の調整弁としての期間工には及ばない。派遣切りもトヨタは早かった。大企業の社会的責任といった意識はさらさらないのである。

在庫も倉庫も持たないという「かんばん方式」も系列へシワ寄せしているだけであり、公の道路を倉庫がわりにしている方式である。

豊田市は1959年までは挙母市《ころもし》だった。『古事記』にも登場する由緒ある地名がトヨタの出現によって、何の変哲もない豊田市に変わってしまったのである。このことが最もよく、トヨタの体質を表している。

御用組合とカルロス・ゴーンを使い捨てた日産自動車の歪み

〝日産中興の祖〟と間違って呼ばれる川又克二（当時会長）と私の学生時代のゼミの教授、峯村光郎との対談を、私が編集していた経済誌で企画したことがある。峯村は公共企業体等労働委員会、すなわち公労委の会長を経験した。いまから半世紀近く前だが、黙って川又の話を聞いていた峯村は、断乎とした感じで、

「私は労働者イジメをしてのしあがった人と話す気はありません」

と言い切った。あの強い口調がいまでも耳に残っている。

日産自動車は「満州国」に進出した日産コンツェルンの鮎川義介《あゆかわよしすけ》に由来する会社で、日産は日本産業の略である。

その日産が国内5工場を閉鎖し、従業員2万人余を削減すると発表した1999年10月18日、求められて私は翌日付の『朝日新聞』に次のコメントを寄せた。

「労使協調路線が破綻するとどうなるかを象徴するような例だ。本来なら、今回のような計画がどれほど合理的なものなのか、労働組合という対抗組織がチェックするべきなのに、日産は過去の経営陣が『御用組合』を作って協調路線で来た典型的な会社だった。組合にしてみれば、利用されたあげくに捨てられた、といったところだろうが、闘うべきところで闘ってこなかったつけが回ってきたわけで、自業自得かもしれない。これは今の連合の体質にも通じるところがある」

川又が第一組合つぶしに使った塩路一郎が労組ボスとなって、日産を食いものにしていく。そしてにっちもさっちもいかなくなって〝御招待〟したのがコストカッター、つまり〝首切り人〟として知られるカルロス・ゴーンだった。

そのゴーンが、ある種の怪物化すると、日産の経営陣は、安倍（晋三）政権の官房長官、菅義偉を頼る。日産の本社のある横浜は菅の選挙区で関係を深めていた。菅の存在なくしてゴーンの逮捕はできなかっただろう。いずれにせよ、日産は歪みに歪んだ会社である。

セイコーエプソンがフロンガスをやめられた理由

郷里の山形県酒田市の東京同窓会の会報が送られてきた。頼まれて「コロナと日米中関係」という一文を書いたからである。そこに「セイコーエプソン」中興の祖といわれる中村恒也が取り上げられている。もちろん、私も会ったことのある先輩だが、2018年に95歳で亡くなった。

同郷ということで甘くなってはと思い、同社について書くことは控えてきたが、嬉しかったのは、辛口の経済記者として知られる内橋克人が、フロンガスを使わないフロンレスに先鞭をつけた経営者だと中村をほめたことだった。

それを中村に言うと、謙遜しながら、フロンレスは（長野県）諏訪という地方の会社の社長だったから決められた、と答えた。

東京の会社だと、仲間もいるし、役所もあるから、簡単には決められない。

環境のことを考えればフロンレスだと言っても、やはり、採算はどうなるとか、おたくだけ先走ってやられたら困るとか、いろいろな〝雑音〟が入る。

しかし、中村はスパッと決めた。たとえ一時的に業績が悪くなることがあっても、将来的にはプラスになると考えて決断したのである。

中村は大学を出て第二精工舎に入り、「クォーツ時計」の開発に携わった。夫人は私が入っていた時の高校の校長の娘だったが、中村を、「酒は飲まない。たばこは吸わない。非常にまじめで、時計と会社に一生を捧げた人」と言っている。

驚いたのは私が諏訪に講演に行った時、労働組合主催の講演会なのに、中村夫妻が聴きに来ていたことである。

壇上から見ていて目が合った私は恐縮して会釈した。講演を終えた後、時間があったら家に寄ってもらおうと思ったんだと言われ、主催者を含めた会食の後、中村邸に案内していただいた。

改めて合掌である。

秘密組織「扇会」が暴露された〝みそぎ〟の東芝

東芝府中工場では労働組合と一緒になって人権侵害と〝職場八分〟を繰り返し、社員の上野仁に〝職場八分裁判〟を起こされた。これが上野一人に対する話ではなく、とにかく異論どころか疑問を持つことも許さないのだということは、1974年春に結成された秘密組織「扇会」を探ると、よくわかる。会社のスパイ組織ともいうべきこの会の実態は、上野の裁判の過程で明らかになり、東芝をあわてさせた。組合執行部を「健全派で固める」とか、配転について、「応じるという結論を出さねば職場にいられないというムードを作る」ために努力すると誓っている扇会の文書には「問題者への対応」という章があり、「問題者」を判断するポイントを挙げている。

かつて黒ダイヤといわれて隆盛を誇った石炭産業はエネルギー革命の進展によって石油にとって代わられ、衰退の一途をたどった。

東芝も原発にしがみついている限り、未来はないだろう。

経済評論家を名乗ることもありながら、私は『日本経済新聞』を購読していない。『日経』を読むと、判断を誤ることがあるからだ。たとえば、先年の明確な粉飾決算の時も、『日経』は「不正経理」とか「不正会計」と書いて、それを糊塗した。

ソニー出身でグーグルの日本法人の社長をやった辻野晃一郎はそれについて「やはり名門企業でもありますし、国策にも絡んでいる企業ですから、プロテクトしようという力が背後で働くんだと思います」と言っていた。

その辻野が驚いたのが、東芝に「扇会」なるものがあったことである。〝技術の東芝〟などとも言われたが、私から見れば東芝は日立製作所や松下電器（パナソニック）と同じく〝みそぎ〟の東芝だ。

同社は、戦前から続く社会教育団体の修養団が行う〝みそぎ研修〟を熱心にやっている。それは伊勢神宮の五十鈴川に冬の寒い朝でもフンドシ一つで入らせる水行である。

作家・清水一行が「救い」だと言ったソニーは、もうない

会社の派閥争いや社長のスキャンダルを暴いてきた作家の清水一行が「ソニーとホンダがあるのは救いだよね」と言ったことがある。ソニーの井深大やホンダの本田宗一郎がいることでこの国の経営者に絶望しないですむという意味だなと私は受け取った。

人マネを嫌い、常に創造性を求めた井深は、「人と違ったことをやるのはむずかしいのではないか」と尋ねると、こう答えた。

「そう決めてしまえば、それが使命だと思うからね。むずかしくても何でも、やってのけなければしょうがない。私はあまり苦労したという気はありません。好きなことをやっていればくたびれないし、時間も忘れちゃう。そこに引っ張り込まれる人は迷惑かもしれませんがね。また、常に新しいことをやっていかないと、日本はすぐマネしますもの、ヘッヘッヘッ。一つのところへとどまってはいられないわけですよ」

80歳を目前にして、いたずら小僧のように首をすくめたあの笑顔が私は忘れられない。

しかし、彼は昔の彼ならず。いま、ソニーにクリエイティビティーはほとんどない。

ゲームは堅調だが、ソニーはいまや、エレクトロニクス産業ではなく、主体は生保や金融のフィナンシャル・カンパニーである。

希望してソニーに入り、グーグルの日本法人社長を経てアレックスを起業した辻野晃一郎は私との共著『日本再興のカギを握る「ソニーのＤＮＡ」』(講談社＋α新書)で、ソニーの凋落を嘆く。

盛田昭夫と共にソニーを創業した井深は、「アメリカのエレクトロニクスは軍需によってスポイルされる」と言い切った。そして、「私は経団連に行かないんです。経団連というのは話し合いの場で、どうやって競争しないかを決める団体ですからね」と付け加えた。

この国には〝輝ける異端〟のソニーやホンダがあった。しかし、そのＤＮＡは残念ながら消えていく運命をたどっている。

ようやく〝財界総理〟を出した〝野武士〟の日立製作所

「経団連（日本経済団体連合会）というのは話し合いの場で、どうやって競争しないかを決める所です」と喝破したのは、ソニーの創業者の井深大である。「話し合い」というのは、つまり、談合で、井深の嫌う経団連は資本主義に反することをやっていることになる。

その経団連の会長は〝財界総理〟などとも言われるが、2018〜2021年に、その椅子に座っていたのが日立製作所会長の中西宏明。俗に「野武士の日立、商人の松下（電器＝現パナソニック）、公家の東芝」と呼ぶが、東芝からは石坂泰三、土光敏夫と2人も経団連会長が出ているが、それまで日立出身者がそのポストに就くことはなかった。野武士はあまりに行儀が悪かったからである。

たとえば1982年に日立が主役となってIBM産業スパイ事件が起こったが、これは日立の社員が機密を盗んだのだから日立スパイ事件と呼ばれるべきだった。このドラマを小説として活写したのが三好徹の『白昼の迷路』（文春文庫）である。

伊勢神宮を流れる五十鈴川に寒中でもフンドシ一つで入らせる〝みそぎ研修〟をやる修養団に一番熱心に社員を派遣しているのも日立である。日立には修養団が深く入り込み、課長が修養団の長になっていたりして会社と一体化している。そして「日立消防隊」が3つのアカを消すのだと躍起になっている。1つは赤字、2つ目はアカという異分子、そして3つ目が火事である。

三好徹の友人の息子は東大野球部の出身で明るい青年だったが、日立に入り、ちょっと労働組合の集会に顔を出しただけで目を付けられ、遂には自殺してしまった。過剰同調を強いる日立から、創造性は生まれない。「技術の日立」などと言っているが、私に言わせれば「みそぎの日立」であり、「スパイの日立」である。

ある時、そんな批判をしていた私に、電通を通して日立の幹部から「会いたい」と連絡があった。日立御用の記者や評論家に聞けと断ったが、「彼らは大丈夫としか言わないんです」と困った顔をしていたのには笑ってしまった。

藤沢周平が業界紙記者時代に書いた日本ハム創業者の伝記はなぜ出版されないのか

食肉業界首位のこの会社はプロ野球の北海道日本ハム・ファイターズの親会社として知られているかもしれない。そこには2022年にビッグ・ボスが誕生したが、この会社のビッグ・ボスとしては、それまで創業者の大社義規《おおこそよしのり》がいた。しかし、藤沢周平が書いたこの大社伝が刊行されていない。

藤沢は、かつて食肉業界の記者をしていた。本名の小菅留治《こすげとめじ》としてである。

藤沢のエッセー「大阪への手紙」(新潮文庫『ふるさとへ廻る六部は』所収)にこうある。

「10年ほど前に、用事があってNハムの本社をたずねたことがある。そしてそこに行く途中だったか、それとも用事を済ませて京都にむかうときだったかははっきりしないが、車の窓から大阪城を見た。これが私のただ一回の大阪体験である」

ここに出てくる「Nハム」が大阪に本社のある日本ハムだろう。

そんな縁もあって藤沢は大社の伝記を書いた。頼まれての執筆である。ところが、これがそのまま眠っているということを、私はそれを保管している編集者から聞いた。正確には原稿の写しだろう。

先年の「偽装処分」事件で私はこの原稿のことを思い出した。あるいは大社の方にそれに対する不満があったのかもしれない。

事件については、自分を奉りながら利用し、都合が悪くなると、一転して犯人扱いした農水省の無責任官僚やタカリの族議員に対する怒りや無念の思いがあったに違いない。

私はあの時、ある新聞に求められて次のようにコメントした。

「日本ハムの対応は『偽装処分』であり、責任を取っていないのと同じだ。もとより創業者が名誉会長になるのは世襲企業から脱皮していないことを宣言するもので、いわば『不名誉会長』。そんな組織のままで企業風土を改革するといっても、消費者代表を社外取締役に迎えるなど、外から経営をチェックするような荒療治をしない限り、不信はぬぐえない。一方で、農水省や族議員たちが日本ハムを責める立場にまわっているのも割り切れなさが残る。偽装が起こるような買い取りの仕組みをつくった『共犯』なのに、企業の自主的な処分で終わりにして隠れようとしているのが気にかかる」

藤沢は、郷里の鶴岡の名誉市民に推された時、それを断った。そして、田沢稲舟という作家の胸像が鶴岡の内川に立っているのを指して、さらし者になっているようでいやだと言った。

そんな藤沢が書いた大社伝だから、一方的に持ち上げてはいないだろう。あるいは、そこが気に入らなかったのかもしれない。しかし、直木賞作家になった藤沢に直してくれとも言えず、そのままになったのではないか。それは私の臆測だが、いずれにせよ、公刊すべきだろう。それは日本ハムにとって名誉にこそなれ、決して不名誉にはならないはずである。

（以上、すべて敬称略）

Part 3

インフラ系企業
（情報通信／電気／ガス／運輸）

球団経営から見たソフトバンクと巨人の違い——孫正義という異端の経営者

中川右介著『プロ野球「経営」全史』（日本実業出版社）が届いた。「球団オーナー55社の興亡」が副題で、オビに「鉄道、新聞、映画からＩＴへ」とある。「オーナー企業の変遷でわかるプロ野球と日本経済」を謳う。

末尾近くの「ソフトバンク」を開く。ちょうど私よりひとまわり下の孫正義の〝出世物語〟については省くが、１９８０年にカリフォルニア大学を卒業して帰国した孫は福岡でコンピューター卸売の「ユニソン・ワールド」を興した。翌年、それを発展させる形で「日本ソフトバンク」を設立する。

南海ホークスから福岡ダイエーホークスとなっていたプロ野球のホークスの買収に乗り出したのは２００４年。前掲書には、この時、「すでに巨人のオーナーではなかったが隠然たる影響力を持つ渡邉恒雄とも会談し、理解を求めた」とある。

友人のノンフィクション作家、石川好《いしかわよしみ》の紹介で孫に会ったのは1996年だった。まだ30代だった孫で印象に残ったのはその明るさである。

坂本龍馬が事業家として好きだという孫は、ソニーの盛田昭夫とホンダの本田宗一郎を尊敬すると話した。ともに「日本的経営」などを蹴っ飛ばす異端の経営者である。しかし、盛田や本田の方がオーソドックスなのだ。

その時の対話で興味深かったのは、小学校の時、「大人になったらなりたい職業」は4つあったと言ったことだった。

一つは小学校の先生、一つは政治家、一つは画家、そしてもう一つは事業家である。

いずれもクリエイティブなところが共通している。

球団経営として見る時、たとえば読売巨人軍などと比べて、ファームなども充実させて一番しっかりしているのは、やはりソフトバンクだろう。阪神や広島が好きな私が応援しているチームではないが、経営として見れば、そう思う。

グーグルにも〝勝利〟したイーパーセル社長の北野譲治が師とした「政界の黒幕」

のちに高杉良著『雨にも負けず』（角川文庫）のモデルとなるイーパーセル代表取締役社長の北野譲治と会ったのは元首相、村山富市の紹介だった。

北野とは公的には『俳句界』の2018年4月号で対談したが、編集部はこんな案内をつけている。

〈インターネット上で確実にデータをお届けするという「電子宅配便」。北野さんが代表を務める「イーパーセル株式会社」では、それを実現可能にした。その技術を巡って、グーグルなどアメリカ企業13社に対して特許訴訟を起こし、そのほとんどが和解へと至った。大企業が欲しがる技術の源はなにか、語っていただいた〉

まだガラケーの私は、その対談で、

「実は何回聞いても、北野さんのお仕事内容がわからないという、とんでもない経済評論家なんだけども（笑）。大事な情報を、宅配便みたいに運ぶんだよね」

と切り出した。それに対して北野は、

「ひと言で言うと、『インターネット上の国際物流会社』でしょうか。1990年代の初頭にインターネットが世界中に広がり始めて、それまで郵便局で運んでいた手紙が、Eメールという形で文字情報を運べるようになった」

と答え、要するに「電子宅配便サービス」だと説明した。

1996年にボストンで創業して製品開発を始め、99年にリーマン・ブラザーズ証券が採用して軌道に乗る。IT業界は「今日出た技術が明日は古くなってしまう」ような感じだが、イーパーセル（e・パーセル電子宅配便）を超える技術は20年以上経った現在も出て来ていないという。

北野が日本法人の代表取締役社長になったのは2004年。2011年にイーパーセルは基本特許を侵害したとしてグーグル、ヤフー、ベライゾンなどに対して提訴し、12年に実質的勝訴の和解をした。

北野は政界の黒幕といわれた四元義隆を師としている。四元は血盟団事件の生き残りであり、中曾根康弘が師事していた。

私は北野の仕事はよくわからないが、四元や村山に惹かれるところに興味をもつ。最先端のインターネットと禅が結びつくのである。

「やっぱり、一つひとつの言葉に重みがあるわけだね」

と私が四元について尋ねると、北野は「含蓄があるというか、直接・間接を問わず、聞こえてくる言葉は質量感があり、味わい深いものばかりでした。多くを語らず、長い時間いても、ほんの二言三言話されたら、それ以外シーンとなるんですが、その一言ひと言が、ずしっと来ました」

と答えた。

北野は岡山の出身ながら、四元の縁で、いま、鹿児島の病院の経営に携わっている。

高杉の小説の題名は、もちろん、北野が宮沢賢治の「雨ニモマケズ」が小さいころから好きだったことに由来する。

ＫＤＤ（現ＫＤＤＩ）トップだった板野学の交際費は当時、年間22億円だった

「決して自殺をすすめるわけではないが、日本の大手企業の社長は自殺しない。アメリカのコンチネンタル航空のフェルドマン会長が１９８１年に自殺した。ビジネス上の失敗がその原因だったが、このように、ビッグビジネスのトップが自殺することはアメリカでは少なくない。しかし、日本で汚職や倒産などの責任を負って、大手の銀行や鉄鋼会社のトップが自殺することはない。代わりに、部長や課長などのミドルが自殺する。１９７９年にＫＤＤ（現ＫＤＤＩ）密輸汚職事件が発覚した。元社長の板野学や元社長室長が業務上横領の罪に問われ、１９９１年3月に東京高裁で2審判決が出たが、収賄罪の郵政省（現総務省）元幹部職員を含めて、板野以外は1審で執行猶予付きの懲役刑を受け、それに服したのに対し、板野だけがまだ争っている。この陰で、これまで事件に関わった2人のＫＤＤ社員が自殺したことは、もう忘れられた感じである」

以下は略すが、『佐高信の新・会社考』（朝日文庫）を『朝日新聞』に連載していた時、「自殺し

ない日本の社長」と題して、1991年4月13日付の紙面でこう書いたら、板野の顧問弁護士から、社員の自殺と板野が関係があるような書き方は名誉毀損に当たるぞという脅しの内容証明便が来た。

KDD事件は、直接的には、国際電信電話料金の値下げを阻止したいというKDDトップの意向から起こった。為替差益で、もうけすぎという声が出てきて、値下げの機運が高まったのに、社長の板野らが政治家に密輸品を含む贈り物をし、値下げを避けようとした。

事件が発覚した後、KDDについて、よく知る人間がこんなことを言っている。

「まあ極論すれば、政治家がタカリやすいように、ああいう会社をつくったようなものですよ。歴代社長や重役たちは、いずれも時の権力者の意向で決められてきた。KDDの贈答、接待外交の慣行は何も板野氏に始まったわけじゃない。彼のように限度知らずではなかった、というだけでね」

しかしKDD事件は、むしろ、社員の自殺と、板野が下着代まで会社に請求していたという公私混同ぶりで注目を浴びた。

郵政官僚のタカリの事実も明るみに出たが、その一人の電気通信監理官、松井清武は検事にこう供述している。

「ＫＤＤも電電公社も、もともとは郵政省から分かれてできたもので、両方とも〝逓信一家〟。電気通信監理室としては、両社を実質的に平等に取り扱い、調和をもった発展をさせようという考えだったが、電電公社のほうが事業規模が大きく、意のままに操るのが困難なこともよくあった」

板野は年間22億円にのぼる交際費のうち、世間でいう飲み食いとか贈答とかは7億円ぐらいではなかったかと思うと真顔で弁明した。

当時の郵政大臣、服部安司への時価数百万円の贈りものは深く追及されず、２人の郵政官僚だけが収賄罪に問われて幕となった。

ウェザーニューズを急成長させた創業者のモーレツ経営

今野晴貴の『ブラック企業』(文春新書、2012年刊)にこの会社もノミネートされている。2008年に入社した男性が半年後に自殺するという事件が起きたという。過労やパワハラが原因だったが、気象予報士試験や就職試験を勝ち抜いても、さらに半年間の「予選」があるらしい。これが強烈なプレッシャーになる。この会社のホームページには「天気は眠らない」から、「ウェザーニューズは『24時間365日』あなたとともに」と書いてある。

創業者の石橋博良には、米国企業のオーシャンルーツに転職し29歳で日本支社長になったころに会った。私より2歳下で安宅産業(後に伊藤忠商事に吸収合併)に入ったが、そのヌルマ湯的空気に嫌気がさして退社したというモーレツ経営者だった。当時すでに「社員は大変だろうな」と思ったが、自分がバリバリ働くトップは社員にもそれを要求する。

「実力本位」の会社を求めて外資系企業をまわり、オーシャンルーツに石橋が入ったころは社員は6人しかいなかった。

石橋が同社の一部門を買収して創業したウェザーニューズは現在、民間気象情報で世界最大手の会社となり、社員も1000人を超える。

「エクスキューズをつくる人生は大嫌いだ」と語る石橋は、小柄ながら火の玉のような闘志をむき出しにした男だった。

しかし、がんばりすぎたためか夭逝《ようせい》した。

たとえば得意先には東京ディズニーランドなどがある。弁当もそうだが、ケーブルカーの運行中に突然強風が吹くことはないか、あるいは雷が落ちることはないかとか、予報はとても大事なのである。

もし、それによって事故が起こったら楽しい遊園地が暗転して魔の遊園地になってしまう。予報を当てることについて石橋は「皿まわしでも訓練すればできるでしょう」などと言っていたが、そんな精神主義的ガンバリズムが、まだ、この会社には残っているのかもしれない。ブラック企業という暗雲を早く取り除かなければならないだろう。

公取の立ち入り検査を受けた中国電力の腐敗度

地域独占が認められてきた日本の電力会社は、競争を活力剤とする資本主義の会社とは思えないほど非常識な会社である。私は電力会社を役所の悪いところと会社の悪いところを併せもっていると批判してきたが、何と、九州電力や関西電力と共に中国電力が公正取引委員会の立ち入り検査を受けたというニュースに接して、どこまで腐っているのかと思った。もちろん、腐敗度においては東京電力が筆頭である。

公取が問題としたのはカルテルの疑いによる独占禁止法違反だというから、カルテル体質、独占体質が身についてしまったのだろう。

大体、競争のない電力会社は広告など打つ必要がないのに、巨額の広告費を使って原発推進の宣伝をしてきた。その費用も電気料金に上乗せしてきたのだから、厚かましいにも程がある。

2011年3月11日の東電福島原発の大事故の後も、この国の電力会社は原発推進の旗を降ろしていないが、中国電力は上関《かみのせき》原発の建設を強行して、特に祝島《いわいじま》の住民を真っ二つにした。

女性が反対運動の中心となっている祝島で1980年代から歌われている「上関原発音頭」がある。

町長選挙で50万
旅行にさそうて1万円
チラシを配って5000円
名前を貸すだけ1万円
印かん集めりゃカネと酒
ちょいと顔出しゃ寿司弁当
金がほしけりゃ中電サ
これじゃ働く者がバカ
原発推進ヨヨイのヨイ

これが1番で、4番では「人間滅びて町があり、魚が死んで海があり、それでも原発欲しいなら、東京、京都、大阪と　オエライさんの住む町に　原発ドンドン建てりゃよい」と歌われる。「ここは孫子に残す町」だというのである。

東京電力は3・11の後、倒産させられるべきだった

『毎日新聞』の依頼で東京電力の株主総会をマスコミ用の会場で見たのは2011年6月29日だった。3・11のあの大事故から3カ月余である。

その入り口に「撮影、録音、配信につきましてはご遠慮願います」と書いてあって、私は「何だ、これは！」と声をあげた。証券スキャンダルを起こした野村證券などでさえ、こんな注意書きは掲げなかった。原発事故についてまったく反省していないんだなと思うと共に、これに反発もしないでパソコンキーを叩いている記者たちにも愕然となった。

日本の企業の閉鎖体質は、それこそ、世界に冠たるものだと思うが、東電において極まりである。東電は会社の悪いところと役所の悪いところを併せ持っている。経産省との癒着もさることながら、電力の供給責任を負う代わりに地域独占が認められ、役所のような会社なのである。

地域独占は東電だけではないが、たとえば東京に住む人間は東電が嫌いだから原発に頼っていな

い沖縄電力から電力を買いたいと思っても、それができない。ということは利用者のチェックがきかないということである。かつて東電には「企業の社会的責任」を強調し、「自民党はつぶれても東電をつぶすわけにはいかない」と企業としての政治献金を廃止した木川田一隆のような経営者がいたが、それもいまは昔話である。

3・11の後、東電は倒産させられるべきだった。それをウヤムヤにして存続させたために、この会社には責任というものがなくなった。

前記の居丈高な掲示に象徴されるように東電は株主に対してだけでなく社会に開かれていない。利用者、株主、労働組合、そしてマスコミ、いずれのチェックもきかず、〝裸の王様〟となって迷走している。ちゃんと事故を報告してくれよと言っただけの福島県知事の佐藤栄佐久を強引に東京地検に逮捕させたりして、およそ日本のリーディングカンパニーとは思えない。いや、日本の会社の体質を東電が最もよく表しているのか。

社長の世襲をやった公益企業・東京ガスは変われたのか

『週刊ダイヤモンド』の2021年1月9日新春号で東京ガス社長の内田高史が自分の選任権、解任権を、過半数を占める社外取締役に任せて自らにプレッシャーをかけると言っている。しかし、「社外」は実質「社内」であり、大した改革にはならないだろう。いっそ、社長選挙制を実施したらどうか。私は最初の本の『企業原論』(現代教養文庫)でこれを提案し、人気取りになるなどと批判されたことがあるが、自分で選んだら責任の感じ方も違うのではないか。

私が経済記者をやっていたころの東京ガスは〝安西ガス〟だった。平成元年に会長の安西浩とその義弟で社長の渡辺宏が後継社長に浩の次男の邦夫を決めた。地域独占の公益企業である同社が創業者でさえおかしいのに世襲を実行したのである。

これには社員の妻たちからも「あきれちゃって言葉もないわ」とか、「やりきれないわよね、時代錯誤もいいところ」とかいった声が上がった。

「自分で言うのもおかしいけど、せがれは私より人物が上ですよ。如才がないし、だれと会っても笑顔を忘れないでしょう。包容力があるというのか、人の和を大切にするんです。なかなかできた男ですよ」

臆面もなく浩は邦夫をこう言っているが、唖然とするしかない。息子は父親について、「身内の話をしますとお笑いになるかもしれませんが、ともかく、父の頭の中にあるのは会社のことばっかりなんですね。家族のことなんて二の次、三の次で見向きもしない。会社イコール自分で、会社のために尽くすんです。だから、会社から離れるとどうなるのかなと心配で、これこそ公私混同ですが、当人のためには会社にいた方がいいなんて考えたこともあります」と言っている。

まさに「会社イコール自分」で、会社と家の見分けがつかなくなり、浩は邦夫を社長にしたのだろう。そうした体質はなくなったのか。

片山善博や国谷裕子を取締役に入れる日本郵船のリベラルな気風

日本の会社が海外に進出する際のパイオニアとなったのが物産（三井物産）、正金（横浜正金、のちの東京銀行）、そして日本郵船だった。商社と為替銀行と海運会社である。

三菱の始祖、岩崎彌太郎《いわさきやたろう》が創った日本郵船になぜ三菱の名が冠せられていないのか。

それは郵船の前身である郵便汽船三菱と、三井系の共同運輸が1885年に合併して郵船が誕生したからである。しかし、ほどなく三菱の会社となって現在に至る。

創業100周年を記念して発表された社歌には「文明はいつも 海が運んだ」とある。最初は空より海だった。

老舗の郵船には、このコロナ禍でも、ジタバタしない雰囲気がある。

100周年のころのトップは宮城県出身でズーズー弁の消えない菊地庄次郎だった。

戦闘的リベラリストだった河合栄治郎に学んだ菊地は「社会思想」の研究で東大に残ろうとし

たが、助手だった大河内一男のすすめで郵船に入る。

菊地は旧制高校時代、ヘーゲルの歴史哲学に感銘を受け、マルクスの『共産党宣言』に出会って、さらに感激したといったことを平気で話す経営者だった。

河合門下の先輩の東京電力会長、木川田一隆にならって、菊地は「企業民主化試案」などを発表する進歩的な財界団体、経済同友会の活動に参加する。

赤軍派が財界首脳を襲うという情報が流れた時の経団連会長は植村甲午郎《うえむらこうごろう》だったが、木川田は「植村が左翼からねらわれるのはわかるが、私の場合は右翼からではないのかね」と冗談をとばしたといわれる。事実、中国との国交回復に尽力して木川田は右翼から攻撃された。

その木川田の弟分の菊地が社長、会長を歴任した会社だから、いまでもリベラルな空気が残っているのだろう。民主党内閣で総務大臣となった片山善博や、NHKのキャスターだった国谷裕子が取締役に入っている。

政治家にもみくちゃにされてきたJALとANAの不満

「我田引水」をもじって「我田引鉄」ということが言われた。政治家が自分の選挙区に強引に鉄道を引っ張ったり、新幹線の停車駅をつくったりしたことを指す。鉄道以上に政治家が関わってくるのが航空会社である。中でも、日本航空は政治にもみくちゃにされてきた。

日航の会長のポストは政治家に関係の深い財界人の専用であり、たとえば花村仁八郎、伊藤淳二、稲盛和夫がそこに座ってきた。

花村は経済団体連合会、いわゆる経団連の事務総長から副会長になった人で、各企業に政治献金を割り当てる花村リストの作成者として知られていた。その功に報いるために中曾根康弘が懇請したといわれる。次の伊藤はカネボウの出身で、これも中曾根が労働組合対策に選んだ。しかし、労組に接近しすぎて中曾根に追放される。この時代の日航を描いたのが山崎豊子の小説『沈まぬ太陽』（新潮文庫）である。

そして、京セラの稲盛和夫が登場する。稲盛は小沢一郎や前原誠司の応援団だったが、それで民主党政権になって稲盛がクローズアップされた。

稲盛は日航ことJALに対して、全日空すなわちANAから見れば「何だよ」と言いたくなるような保護をした。

私が編んだ『巨大ブラック企業』（河出書房新社、2017年）で、ジャーナリストの森功がこう言っている。

「会社更生法を適用したので株が紙屑になるのは仕方ないにしても、借金はチャラですよね。銀行の融資負債がほとんどなくなり、公的資金が入り、その後に税金が免除されています。トータルで言うと4200億くらいプレゼントされている。そういう意味で、今JALは金が余って仕方ないという状態になっているんです。おかしな現象だと思います。全日空が不平を漏らすのも当然と言えば当然かもしれないです」

ヤマト運輸宅急便創始者の小倉昌男は官僚とケンカして勝った

辛口といわれる私がプラス評価をする数少ない企業がヤマト運輸である。クロネコヤマトの宅急便で知られる同社は、官営運送業の国鉄（現ＪＲ）や郵便局と闘い、その業績を飛躍的に伸ばしてきた。

実質的な創始者の小倉昌男は静かなたたずまいに似ず戦闘的で、１９８６年夏、当時の運輸大臣、橋本龍太郎を相手取って行政訴訟に踏み切り、「運輸省（現国土交通省）なんて腐った官庁は要らない。運輸省のおかげで宅急便はずいぶん損している。ということは良質なサービスを受けられない利用者が損しているのだ」と派手な闘争宣言をした。

世界に冠たる官僚国家の日本で、役所と真っ向からケンカして勝った経営者はほとんどいない。この時も橋本は激怒しながらも、申請を許可せざるをえなくなったが、それからも運輸省の〝ネコいじめ〟は続いた。

「よく運輸省にあれだけ楯突いて、ちゃんと商売していられますねと言われますが、それは悪口を公然と言っているからです。公然と言うから、世論がバックアップしてくる。それを僕は計算しているわけです」

小倉はこう語っていたが、運輸省の厭がらせが並大抵でなかったためか、ある時、面と向かって「今日のインタビューはお断りしようと思ったんですよ」と言われたこともある。

小倉は社長になるまでは、労働組合を嫌っていた。怠け者が賃上げを要求するためのものと思っていたのだが、社長になったら、会社にとっては必要でも自分にとっては耳の痛い情報がパッタリと入ってこなくなった。それはそうだろう。うまくいっていないと言ったら、出世に差し支える。では、そういう情報はどこに集まるかと考えて、労働組合だと思いついた。以来、組合のトップと非公式に会う機会をつくって経営に役立てた。

そして、「労働組合は企業の病気を知らせる神経だ」と口癖のように言っていたが、組合つぶしでのしあがった経営者が多い日本では珍しい存在である。生活の中から湧き出るニーズを発見したのもユニークだ。

〝JR西日本の天皇〟は脱線事故は「個人の責任」と言った

2021年4月1日に新潮文庫に入った松本創著『軌道』はJR西日本の福知山線脱線事故を追ったものである。

そこに「JR西の天皇」といわれた井手正敬《いでまさたか》（元会長）のインタビューが出てくる。井手は松田昌士、葛西敬之と共に「国鉄改革の3人組」と呼ばれた。いわゆる国鉄の分割・民営化だが、私に言わせれば、これは断じて「改革」ではなかった。

残念ながら、『軌道』にはこの視点が弱く、井手の主張に根底から反論できていない。あの事故は「民営化」ならぬ「会社化」が招いたものであり、天皇の井手に重大な責任がある。しかし、歴代総理の指南番とかいわれた安岡正篤信者の井手はまったくそれを自覚せず、JR西日本の広報室では記者に『マスメディアを通した井手正敬小史』なるものを渡していた。

「函カバー入りのA4判、暗緑色の布張りに金箔押しの文字という仰々しい表紙」だというから、当時から井手は正気ではなかったのである。

「事故において会社の責任、組織の責任なんていうものはない。そんなのはまやかしです。組織的に事故を防ぐと言ったって無理です。個人の責任を追及するしかないんですよ」

井手はこう言ったというが、最後の「個人の責任を追及するしかない」にだけ賛成して私は井手の責任を追及する。しかし、安岡教信者の井手は自分に責任があるとは毛頭考えない。「井手商会」と呼ばれたＪＲ西の体質は変わったのか。

北海道のある町の町長は「国鉄は赤字だ赤字だと騒ぎたてるが、では、消防署が赤字だと言うか」と反論した。

国鉄は民営化という名で会社になって、過疎地の赤字路線などは廃止された。公共の足が失われ、過疎はさらに進行した。

そういう公共の観念が井手には欠落している。脱井手がこの会社の課題である。

〝ピストル堤〟なき後の西武は銀行管理になった

傘下に西武鉄道やプリンスホテルを抱える西武ホールディングスのトップは第一勧銀（現みずほ銀行）出身の後藤高志だが、西武グループの創業者は〝ピストル堤〟といわれた堤康次郎《つつみやすじろう》である。先日、滋賀県出身の新聞記者と話していたら、地元では堤は土手だから、ドテヤスと呼ばれているとのことだった。

ライバルの東急の五島慶太《ごとうけいた》が〝強盗慶太〟と陰口をたたかれたのに呼応しての〝ピストル堤〟だが、政界にも進出して衆議院議長にもなった康次郎については悪評も絶えなかった。

息子に詩人でもあり、文化人経営者と称された堤清二こと辻井喬《つじいたかし》と、西武鉄道グループを継いだ義明がいるが、総会屋の芳賀龍臥《はがりゅうが》に一撃されて義明は失脚し、いわば銀行管理の会社となった。

筑紫哲也編集長の下、『朝日ジャーナル』が辛口の「企業探検」を連載し、私は西武鉄道を担当した。

その時、鎌倉駅から車で10分余りの鎌倉霊園にある康次郎の墓を〝探検〟したのである。ちょっとした山のようになっている霊園のてっぺんに、さらに石段を上がって、小公園というには広すぎる広場があった。鐘楼があり、お堂があり、東京湾と相模湾を見下ろせる一等地に、狛犬2匹に守られて康次郎は眠っている。黒いみかげ石に、横書きで「堤康次郎之墓」。揮毫者《きごうしゃ》は内閣総理大臣だった池田勇人である。1964年4月26日に康次郎が亡くなり、その1周忌があった65年以来、1日も欠かさず、ここにグループ各社の社員が2名ずつ、墓参にやってきた。遠く北海道などからも来る。大体、夕方5時ごろまでに着き、6時に鐘を10回鳴らしてお参りし、その晩はお休み所に泊まる。そして翌朝5時に起床。墓掃除をし、やはり6時に鐘を10回鳴らして墓参をする。

義明の失脚後、この墓参はなくなっているのかもしれない。アクの強い創業者が亡くなって二世が継ぐと、結局は銀行管理になってしまう会社が少なくないが、それはいいことなのかどうか。

〝強盗慶太〟の東急には「番頭」的人材が育つ理由

西武を取り上げた前項で、ライバルの東急との比較で、それぞれの創業者の異名を〝ピストル堤〟対〝強盗慶太〟としたが、もちろん、東急の方は五島慶太をもじっている。

獅子文六《ししぶんろく》が『箱根山』（講談社）と題してその観光開発をめぐる熾烈な争いを描いた。「企業小説の嚆矢《こうし》的傑作」とされる同書が文庫として復刊された時、私は巻末エッセーを頼まれ、五島のこんな回顧を引いた。

「私は東横電鉄―やがて東京急行電鉄となったが―の発展のために、昭和9年の池上電鉄の買収をはじめとして玉川電鉄、京浜電鉄、京王電鉄その他多くの会社を、あたかも札束をもって白昼強盗を働くような仕儀で買収したり、新会社を設立したりして、多い時には120数社を傘下に擁していたこともあった」

また、堤康次郎の次のような述懐も引いた。

「商売というのは、刑務所の門まで行く。行くけれども、中には入らない。そういうやり方なんだ。中に入ってしまっては、元も子もなくなってしまう。しかし、刑務所に近づかないようでもダメなんだ」

西武の後継者の堤義明と東急の五島昇の違いは、義明が部下に「頭は要らない」として手足の如くに使ったのに対して、昇は逆に任せたことだろう。だから、側近というか、番頭が育った。

私は東急エージェンシーの社長だった新井喜美夫《あらいきみお》に懇意にしてもらったが、新井には『「日本」を捨てろ』（講談社）という本がある。

そこで新井は、日本独特の会社システムを批判し、「そのシステムの特長は、日本古来の『ムラ社会』の思想に、近代的合理主義の所産である株式会社という身体に合わせ、それをアメリカのテーラーに仕立てさせた衣服をまとわせたものといったら、いいすぎであろうか」と指摘している。

義明が部下がこうした本を書くことを許すとは考えられない。『「日本」を捨てろ』は本田宗一郎が推薦している。

阪神タイガースを実質的に〝阪急タイガース〟にさせてしまった村上ファンド

アンチ・ジャイアンツである。巨人が阪神に3連敗した時などは、嬉しくて何度もスポーツニュースを見る。常勝ではない阪神に、しかし、ファンは変わらず熱い声援を送っている。

この阪神の親会社は阪神電鉄であるが、現在、同社は阪急阪神ホールディングスの傘下にある。『会社四季報』には、「阪神球団や宝塚歌劇が想定上回る好調」とあるが、この阪神タイガースが〝村上タイガース〟となるところだった。NHKならぬMHKの虚業家たちが世間を賑わせたことがある。村上世彰、堀江貴文、そして木村剛のMHKである。彼らは投資家とも呼ばれたが、実業家ならぬ虚業家だった。竹中平蔵の弟分の木村は消え去ったが、村上もホリエモンも健在である。経産官僚から転じた村上は村上ファンドとして知られ、フジサンケイグループを買収しようともした。その時タッグを組んだのが堀江である。

これに失敗した村上は次に阪神電鉄株を買い始める。2005年のことである。4割近くまで取得して、阪神タイガースの上場も提案した。中川右介の『プロ野球「経営」全史』（日本実業出版社）によれば、この時、「阪神タイガースが村上タイガースになるなんて嫌だ」という声が圧倒的多数を占めた。村上もそんなことは考えていなかったのだが、名称がひとり歩きしたのである。

当時の阪神電鉄経営陣は密かに、阪急に救済を求める。２００６年4月に合意に達し、阪急阪神ホールディングスが誕生した。

「その直後、まるでシナリオがあるかのように、東京地検特捜部は、ニッポン放送株式のインサイダー取引について取り調べたいと村上を呼び出した。ライブドアがニッポン放送株を買おうとしていることを事前に知っていたのではという疑惑だった。村上は疑惑を否定していたが、（２００６年）6月5日に記者会見を開き、ライブドアの当時の取締役などから重要な情報を『聞いちゃった』と告白し、インサイダー取引の容疑を認めた。そして同日、逮捕された」

中川は前掲書でこう書いている。ライブドアの社長だった堀江はフジテレビを手に入れようとして、親会社のニッポン放送株を買い占めたが、それが村上との共謀だったのではないかというわけである。

ただ、逮捕がかなり突然だったので、いわばエスタブリッシュメントによる新興勢力阻止劇とも言われたわけである。あるいは、東京地検特捜部に阪神ファンの検事がいたのかもしれない。

結局、村上は阪急のＴＯＢに応じて阪神電鉄の株を引き渡す。そして、阪急は阪神を完全子会社化して、「阪急阪神」となった。

実質的には「阪急タイガース」となったのだが、それでは熱狂的な阪神ファンが承知しないだろうと、阪急と阪神の間で「今後10年間は阪神タイガースの名称を維持する」と決めているらしい。

（以上、すべて敬称略）

Part 4

金融系企業

(銀行/保険/証券など)

日本銀行は「物価の番人」であり「株価の番人」「政府の番犬」ではないはずだ

1882年に創業された日本銀行は日銀法に基づく認可法人で、1983年に株式を上場している。資本金は1億円で、財務大臣が55％の出資者となっている。

それはともかく、元首相の安倍晋三が「日銀は政府の子会社」と発言したり、現総裁の黒田《くろだ》東彦《はるひこ》が「家計の値上げ許容度も高まっている」と講演して、あわてて取り消したり、中央銀行である日銀の使命を忘れた暴言が次々と飛び出している。

日銀は「物価の番人」であり、インフレファイターとして通貨の価値を守るのが本来の役割である。安倍はもちろん、黒田の頭の中にもないだろうが、中央銀行は「職業的心配屋」(professional worrier) と呼ばれる。いつも通貨価値が下がることを心配して、時に政府と対立するからである。

黒田はためらいもなく勲章を受けるだろうが、1984年に退任した総裁の前川春雄は「人間に等級をつける勲章は好まない」と言って、それを断った。その前川はこう言っている。

「野球にたとえれば、われわれは守ってばかりいるようなチームなんですよ。金融政策等で攻撃に出ることもないじゃありませんが、警察と同じで、あまり攻撃に出るのは多くない。守りである以上エラーは許されず、しかもほとんど守っているわけで、その辺がしんどいですね」

しかし、いま、黒田が守っているのは物価ではなく株価である。日銀は本来の使命を没却して、「物価の番人」ではなく「株価の番人」となってしまった。

城山三郎に『小説日本銀行』(角川文庫)という作品がある。「日銀が国家として国民生活の安定に不可欠な役割を荷っており、その使命に忠実に生きようとする人間が居た場合、どういうことが起こるか」を考えてみたいと思って、城山はこの作品を書いた。

太平洋戦争中に日銀券という紙幣が増発されたのは戦争遂行のためだった。政府は公債を日銀券に換え、それで軍需品を買ったのである。

「日銀は政府の子会社なので60年で(返済の)満期が来たら、返さないで借り換えて構わない」という安倍の発言は、まったく戦争中の日本の指導者と同じである。

しかし、日本と違って、戦争の最中にあっても、ドイツの中央銀行、ライヒスバンクの理事たちは激しくヒトラーに抵抗した。

軍備拡充のために通貨の膨張を求めるヒトラーに、総裁のシャハトをはじめとして従わなかった。ヒトラーは怒ってシャハトを反逆罪で逮捕し、死刑まで求刑した。最後は7年の禁錮になったらしいが、黒田には望むべくもない。

政府から独立して金融の中立性を確保し、物価の高騰を阻止して国民の生活を守ろうとする日銀を安倍たちは「政府の番犬」にしようとしている。改めて私たちは日銀の使命を想起しなければならない。

投信を扱わない宣言をした北洋銀行・武井正直の言い分

2022年4月16日付の『日刊ゲンダイ』に北海道経済同友会の代表幹事となった丸谷智保の記事が取り上げられている。旧北海道拓殖銀行出身でセコマ（旧セイコーマート）会長の丸谷が新任で、北洋銀行頭取の安田光春が留任し、ツートップ体制をとるという。

この記事を読みながら、「すごい男」の丸谷が北洋に入って、武井正直の下で働いていたら、と思わずにはいられなかった。

拓銀が破綻し、それを大きさでは北海道3位の北洋が引き受けることになった時、頭取だった武井は、こう語った。

「人生の決断としては、終戦の時、中国で馬賊になるかと真剣に考えた時の方が厳しかった。今回は命までとられるわけではなかったしね。本当の闘いは、拓銀債権を引き継いでから始まりましたよ」

拓銀の不良債権をどうするかについて、責任を免れようとする不良企業の不良経営者が不良政治家に頼み、武井にさまざまな圧力をかけたからである。

「財テクをしない経営者は化石人間だ」と放言したのは長谷川慶太郎だが、武井は断固としてバブルに乗っかった融資をやらせなかった。だから、拓銀を引き受けるという奇跡的なことを実現できたのである。武井は長谷川など相手にせず、城山三郎や私と歓談してくれた。

札幌で対談講演をした時、私が、

「いま、銀行はみんな投資信託に血眼になってるじゃないですか。しかし、武井さんは投信を扱わせないと言うんでしょう」

と尋ねると、武井はこう答えた。

「あのね、みなさんからお預かりしているものは、100％お返しするというのが前提なんですよ。だからね、変な経営者がいても銀行を信頼してるわけだ。オレのことを言ってると思ってもいい。だけども、元本が割れるかもしれないものを一緒に扱うと混同が起こっちゃうんだな」

さらに武井は「オレでも選べないものを、自分で選べと言われたって、みなさんがどうして選べますか」と言っていたが、当時、投信を扱わせないと宣言しているのは、日本に銀行は数あれども北洋ぐらいだった。

「まあ、そうでしょうねえ。大体、隣のやることは何でもやるからな。オレは、隣のやることはやらないという人間だから」

武井の会長退任記念誌『武井会長と私』によれば、武井は「東京で専用車もなく運転手もいない数少ない地銀頭取」だった。また、ある行員は「北洋銀行は、役員の関わりのある融資というものがない、健全な銀行である」と武井に懇々と言われたのが忘れられないと書いている。

武井とは、むしろ文学の話などをした。そして犬よりは猫が好きという点で一致した。

「要するに何が違うかというと、犬はよく言うこと聞くんだよ。猫は言うこと聞かないんだ。そこがおもしろいね」と武井は言っていた。

工藤昭四郎のバンカー魂はきらぼし銀行に受け継がれたか

東京都民銀行は新銀行東京や八千代銀行と合併して、きらぼし銀行となった。都民銀行の創立者の工藤昭四郎は日本興業銀行の調査課長などをやった非常に骨のあるバンカーだった。当時の部下に、のちに暮しの手帖社の社長となる大橋鎭子《おおはししずこ》がいる。

日本の製薬業トップの武田薬品が、高橋晄正という医者にベストセラー薬品を名指しで批判されたことがある。会社に対しても遠慮会釈のない本を出す三一書房の新書でだった。

困った武田は三一書房を訪ねて、社長の竹村一に「何とか穏便に」と頼んだ。

しかし、「お引き取りください」と玄関払いを食う。

それで、三一書房のメインバンクの都民銀行に圧力をかける。

それに対して頭取だった工藤は、キッパリと断った。

三一書房が貸したカネを返さないとかいうならともかく、そこが信じて出している本の内容に干渉するようなことはできない。

それが企業モラルというものであり、逆に、自分たちの気に入る本を出しているなら余計にカネを貸すということをやっていたら、銀行経営はできない。そうした理念を工藤は堅持していた。

だから工藤は、都民銀行の主な使命は中小企業への融資だとして、営業時間を平日は午前9時から午後6時まで、土曜日は午後3時までにした。貸出資金を日銀借り入れに依存することを避け、都民銀行自身の預金をもって賄うようにしたことや、大口預金よりも零細預金の獲得に重点をおき、外務員の勧誘と集金による定期預金に主力を傾注した。

融資の面でも、小口は経費と手数がかかり、危険率も大きいが、多くの中小企業の要望に応えるため、大口融資を自制してまで小口融資にまわした。ピープルズバンクの時代が来ることを工藤はいち早く見抜いていたのだが、そうした理念はきらぼし銀行に受け継がれているのだろうか。

社外取締役の存在価値を考える——みずほ銀行の場合は？

　富士銀行、第一勧業銀行、そして日本興業銀行が合併してスタートしたみずほ銀行にも社外取締役はいる。外から経営をチェックするために存在しているのだが、この国の会社ではほとんどが〝社内〟取締役になっている。ズバリと直言する人間ではなく、イエスマンもしくはイエスウーマンだけを指名するからである。たとえば竹中平蔵の後に経済財政政策担当大臣となった〝おんな竹中平蔵〟の大田弘子がみずほフィナンシャルグループの社外取締役となった。しかし、彼女が経営陣に厳しい注文をつけたという話は聞かない。

　社外取締役全般について言えることだが、私はある雑誌でこうコメントしたことがある。

「社外取締役は単なるお飾り。初めから『ノー』と言わない人と会社から認定された〝うなずき人形〟のようなもので、御用学者ならぬ御用取締役です。田んぼの中のカカシはそこにいるだけで役に立っているが、『ノー』と言わない社外取締役はカカシ以下でしかない」

1997年6月29日、旧第一勧銀の頭取、会長を歴任した宮崎邦次が総会屋への利益供与事件で自殺した。それに関して2007年7月6日号の「週刊朝日」が宮崎の遺書を報じた。

「今回の不祥事について大変ご迷惑をかけ、申し訳なくお詫び申し上げます。真面目に働いておられる全役職員そして家族の方々、先輩のみなさまに最大の責任を感じ、且、当行の本当に良い仲間の人々が逮捕されたことは、断腸の思いで、6月13日相談役退任の日に、身をもって責任を全うする決意をいたしました。逮捕された方々の今後の処遇、家族の面倒等よろしくお願い申し上げます。スッキリした形で出発すれば素晴らしい銀行になると期待し確信しております」

「宮崎」と記した遺書の最後に「佐高先生に褒められるような銀行に」という1行があったというのだが、現在のみずほに私を社外取締役にするような勇気はない。

「銀行に成り下がるな」を地で行く誇り高き城南信用金庫

城南信金だけでなく、信金界のドンだった小原鐵五郎《おばらてつごろう》の遺したセリフがいい。

「信用金庫は銀行に成り下がるな」

みんな成り上がりたがるが、「銀行に成り下がるな」は言い得て妙だろう。

城南信金元理事長の吉原毅が元文部官僚の寺脇研や前川喜平と語った『この国の「公共」はどこへゆく』（花伝社）によれば、吉原が大学を出て就職試験を受けた時、役員面接とかで、「銀行とは公共的な存在ですよね。私は公共的な仕事がしたいので銀行に勤めたいと思います」と言ったら、きょとんとされたという。

また、愛読書を聞かれて太宰治の『人間失格』と答えて落とされた。

信金も銀行と同じように利益だけを求めているのだろうと思ったら、前記の小原の言葉を知らされたのである。

信金は公共的使命をもった協同組織金融機関であり、「世のため人のために尽くすことがわれわれの使命だ」と小原はためらいもなく言った。

吉原の祖父は城南信金の常務理事だったが、吉原が4歳の時に強盗に襲われて亡くなっている。小原はその祖父の知人でもあり、信じられる人だと思って城南信金に入った。

小原の言葉で有名なのに「貸すも親切、貸さぬも親切」というのもある。

吉原は2010年に理事長となったが、翌年、あの東日本大震災が起こった。東京電力福島第1原発の大事故で大変なことになる。

それを機に吉原は脱原発に踏み切った。組織の方針をそのようにはっきりと決めたのである。

多分、さまざまな圧力があっただろう。いまでもあるに違いない。しかし、城南信金はそれを貫いてきている。

「原発推進というのは明らかに国民全体の幸福に反すると確信したので、それはいけないと主張すべきだと思いました」と語る吉原は「原発推進で動くカネに目がくらむ企業は、企業としての誇りがなくなるはずです」とも言っている。

〝夢見る人〟山田光成（旧・日本信販創設者）は「ラムネ屋」と侮蔑された草創期を乗り越え、月賦販売の道を切り拓いた

『日本経済新聞』の人気シリーズ「私の履歴書」に日本信販（現・三菱ＵＦＪニコス）の会長だった山田光成《やまだみつなり》が登場したのは１９８６年である。

山田のことは城山三郎が『風運に乗る』（角川文庫）と題して小説化し、私は『夕刊フジ』に連載した「実と虚のドラマ――経済小説にみる企業と人間」で山田と城山に会って、以来、何度か３人で会う機会を得た。そして、山田から「私の履歴書」のリライトを要請される。『日経』の担当者もいることだしと渋っていたら、折悪しく山田の夫人が亡くなり、山田を元気づけるために依頼を引き受けることにした。

ヘレン・ケラーと山田の出会いから始めたが、山田は信用販売事業を三和銀行に乗っ取られるところから始めたいと言った。押し問答の末、私の主張を通したが、山田の死後まもなく、日本信販は三和に吸収され、三和が三菱銀行と合併して、いまはわずかにニコスの名だけが残っている。

「私の履歴書」掲載からだけでも40年足らず。企業の寿命ということを考えざるをえない。

「大ドリーマー（夢見る人）」といわれた山田は、他の誰もが不可能と思ってあきらめるような夢を見つづけてきた。いまでこそ、消費者ローンは一大マーケットに成長したが、戦後まもなく、山田が動き出した時、まともに相手にしてくれる人は皆無に近かった。

それを山田は「勤続3年、妻子あり」の男は信用できる、と説き続けた。それをもじって城山が『京都新聞』に連載する時につけたタイトルが「勤続10年」。

このタイトルに、まず山田はビックリした。それが消費者金融の原点をズバリとつかんでいたからである。では、なぜ、「3年」が「10年」になったのか？

「私は城山君に尋ねたこともないし、尋ねようとも思わないが、語呂がよかったんじゃないか」と山田は言う。しかし、実はそうではなかった。城山は「3年ではちょっとあぶない」と思ったのである。

「だから、山田さんの方が人間を信用しているんでしょう。僕の方が信用していないんですよ」

城山はこう語り、山田は大変なロマンチストだ、と付け加えた。

「ゲップ？　あ、あんたはラムネ屋さんか。ラムネ屋さんに政府が出資するなんて、考えられんことだな」

この言葉の裏には、侮蔑的に「ラムネ屋」と呼ばれた草創期の途方もない苦労が隠されている。1982年の時点で山田は往時を振り返りながら、「この間も、あなたの始めた割賦販売で私は助かったんですよ、と言われました」と相好を崩した。

この消費者金融を行政は育てようとしなかったが、もうかるとなると、大手の銀行までが争って参入した。山田は複雑な面持ちで、「キャッシュレス天国がキャッシュレス地獄にならないよう祈っています」と言っていたものである。

旧・日本火災社長の品川正治は原子力の平和利用に惑わされなかった真の「保険人」である

この国の大企業の経営者で私と話の合う人はほとんどいない。しかし、日本火災（現・損保ジャパン）の社長、会長を歴任した品川正治はその稀なる一人だった。

品川が経済同友会の副代表幹事兼専務理事だった1994年に、同年2月22日号の『エコノミスト』で対談して、ここまで断言して大丈夫かなと心配になったほどである。

「企業社会のひずみをどう是正する」とタイトルがついたその対談で、品川はズバッとこう言い切った。

「私は企業の論理から言えば、企業献金なんか説明のしようがないと思う。特定の政党、特定の国会議員に献金することによってどんな利益があるのか説明できなければ、これは背任行為だ。利益がこれだけあります、といったら今度は贈賄になる。それから企業が誰を支持するかという意思を役員会で決定するなどということも、外国では考えられないことだ。プロテスタントの人とカトリックの人とが社長、副社長でいる場合がいくらでもある。宗教上とても特定の人の支持を決めるなんてできない。日本にはそういうブレーキが社会全体として欠けている」

これは企業ぐるみ選挙などという面妖なものを念頭に置いての発言だろう。

1924年生まれで学徒出陣した品川は幹部になるのを拒否して一兵卒として中国戦線に行った。その時、右足に受けた銃弾は取り出せないままだった。

「さまざまな戦争体験があるだろうが、兵隊として見る戦争と、参謀として東京などにいて見る戦争は全然違う。彼らは本当の戦争を知らない」

そして戦後、日本火災に入った品川は労働組合活動をやり、全損保という組織の専従を10年務めている。そんな品川が社長になったのは同社でテーブルファイヤ事件があったからだった。事故があったことにして裏金をつくり、優秀な代理店へのマージンに上乗せしていたことが発覚したのである。大蔵省（現財務省）は業務停止命令を出し、社内役員は社外役員に辞表を提出した。その社外役員の一人の二代目・伊藤忠兵衛（伊藤忠と丸紅をつくった）が、労組の委員長だった品川に、「やれるもんなら、おまえいっぺんやってみろ」と言う。冗談だと思ったら本気だった。無理だと断ったら、では社長を探してこいと言われ、何人かの後に社長になった。その経緯は品川と斎藤貴男の対話『遺言』（青灯社）に詳しい。

注目すべきは品川が「保険人の目」で見ていたので「原子力の平和利用」に惑わされなかったということである。原子爆弾と原子力発電は紙一重と考えていた品川は、原発は絶対安全という喧伝にうなずけなかった。

「絶対安全の立場に立てば損害保険は成り立たない。にもかかわらず保険を付けるとすれば、それは世間の人を欺くためとしか考えられない」

こう語った品川は２０１３年８月29日に亡くなった。

不正販売で処分された
かんぽ生命と住銀・磯田イズム

2020年夏、日本郵政グループ傘下のかんぽ生命と日本郵便の社員573人が保険商品の不正販売問題で処分された。以降も処分の対象者はさらに増えていったが、被害者の多くは高齢者で、特に悪質な現場の営業担当者は解雇されてもいる。

しかし、監督責任を問われた管理職はほとんどが戒告などの軽い処分なのだが、私は厳重処分されるべき筆頭は日本郵政の初代社長、西川善文だと思う。小泉純一郎がやらなくてもいい郵政の民営化に血道をあげ、担当相の竹中平蔵が住友銀行出身の西川を社長の椅子に座らせた。その時点で、イトマン事件を引き起こした住友銀行の悪質なウイルスが日本郵政グループに入ってしまったのである。

「向こう傷を問わない」と言って、ルール無視のイケイケドンドン路線を進めた頭取、磯田一郎の下で、西川は現場の指揮官だった。西川は『ザ・ラストバンカー』(講談社) などという本を出したが、それは悪い冗談で、『ザ・ワーストバンカー』の間違いだろうと私は思ったものである。

当時の住友銀行の体質がいかに狂っていたかを物語るエピソードがある。

西川は1938年生まれで、1961年に住銀に入ったが、同年で、西川より1年遅れて入行したのが島村大心だった。

島村はロンドン、ニューヨークなどの海外支店勤務を経て、1990年に取締役法人部長になったが、翌年に退職し、高野山に入って僧侶になった。

私は1993年に中京テレビの企画で島村と対談するために高野山に行った。島村は息子が大学を出て就職するのを待って僧侶になったのだが、当時の住銀の磯田イズムがよほど耐えられなかったのだろう。残念ながら、島村は先年亡くなった。異常なことをやりながら、それを伝えたNHKに抗議するような体質も、かんぽは住銀から受け継いでいる。磯田はNHKの経営委員長もやったが、住銀ウイルスの伝播力は新型コロナより強い。

宮内義彦のオリックスは「何が本業なのか」が問われている

オリックスを私はオリエント・リースのころから知っている。経済記者時代によく取材に行っていたからだ。

当時はリース業が一般的に馴染みが薄く、ソース会社なのにソースを売っていないと言われたり、社員旅行に行ったら、「歓迎　オリエント・トリス様」と書かれていたと嘆いたような話を耳にした。

現在はプロ野球チームを持つまでになったが、「シニア・チェアマン」という肩書の宮内義彦は竹中平蔵と組んで規制緩和の旗を振ってきた。ヤマト運輸の小倉昌男と違って、政治の力を借りて、いろいろと商売の手を広げてきたのである。現都知事の小池百合子の後援会長をしていたこともある。

まだ40代の宮内を社長に抜擢した三和銀行出身の乾恒雄はとても魅力のある洒脱な人だった。

代表取締役名誉会長などという珍妙な肩書をぶらさげて老害を体現している経営者のことを批判していたら、乾はニヤリと笑い、

「じゃあ、私は取締役嘱託にしてもらおうかな」と皮肉を言った。

残念ながら、いま宮内はその乾の毒をまともに受ける対象となっているのではないか。

実業と虚業という分け方がある。主にメーカーを実業と言い、金融業などの虚業と区別するが、リースはやはり虚業だろう。虚業を他人のフンドシで相撲を取ると形容することもできるが、それはリースに当てはまる。

コロナ禍で航空機リースやホテル・旅館が振るわず、オリックスは苦境に陥っているらしい。

そうなればなるほど、オリックスはそもそも何が本業なのかが問われる。連結対象にはオリックス自動車やオリックス不動産も入っているが、かつて、ソース会社と間違えられた同社はこの先どうするのか？

コロナだけがオリックスを揺さぶっているのではない。根っこに何を据えるのかが喫緊の課題となっている。

SMBC日興証券による相場操縦で思い出した1991年に起きた野村證券の損失補てん事件

2022年3月、SMBC日興証券の幹部が相場操縦の容疑で逮捕されたが、首位の野村は大丈夫なのか？

1991年にアル・アレッツハウザーの『ザ・ハウス・オブ・ノムラ』の翻訳が新潮社から出た。当時は相場が低迷していて、この本はそれに拍車をかけたとして、監訳者の私は投資家や証券マンの怨みを買い、冗談まじりに、

「当分、兜町は歩かない方がいいよ」

と忠告された。

同年6月27日に開かれた株主総会で、社長だった田淵義久は株主からの質問に答え、大口顧客への損失補てんについて、

「結論的に申し上げれば税の問題です。全部、大蔵省（現財務省）にお届けしているもので、ご

承認も頂戴しています」

と発言した。それに対して橋本龍太郎蔵相は、

「行政に責任を転嫁することは、モラルを世間から問われることになる」

と反論した。

しかし、〝共犯者〟である大蔵省が民間に「責任を転嫁」して逃げ切ったという印象は免れない。それどころか、一転して検事か裁判官のような顔をして野村証券を責めたので、田淵義久は「それはないぜ」と居直って見せたのだろう。

相次ぐ不祥事の責任を取る形で、同社の社長と会長（田淵節也）は辞任し、「国際派」とレッテルを貼られていた良識派のリーダー、相田雪雄が野村の会長となる。

その相田と私は『潮』の1992年6月号で対談した。「ほんとうにまずいことをした。悪いことをした」と言いながら、相田は証券スキャンダルについて3つのポイントを挙げた。

「1つは損失補てん。2つ目は大量推奨販売。これは法律の違反にはならなかったけれども、非常に社会的批判を受けている。3つ目は、どうしようもないことで、いわゆるアンダーグラウンドのマネーにかんだのではないかといわれたことです。これは疑われただけで、もうダメだと思う。

動機はともかく、結果においてアングラと接点があったわけですから。その動機が大量推奨販売で、これは昔からあった、一番能率のいい商売の仕方です。エフィシェンシー（能率）を追求していくとああなっちゃう。本来証券の商売というのはもっと手間暇をかけなきゃいけない。そこを忘れちゃったんですね」

私もほとんど全面賛成の相田の発言だったが、のどもと過ぎれば何とやらで、同社に対する批判の嵐がおさまったとみるや、相田を退け、2人の田淵を取締役として復帰させたのである。小池隆一という総会屋の事件で社長の酒巻英雄が逮捕されるのはその後だが、結局、野村は〝本来〟の商売のやり方に戻ったということだろう。そしてサラ金の武富士をも上場させた。

2021年の3月31日付『日刊ゲンダイ』に、同社の「2200億円損失の衝撃」という記事が載っている。「本当に損失は2200億円で済むのか、本社の経営にどこまで打撃を与えるのか、不正はなかったのか」と記事は問うている。

（以上、すべて敬称略）

Part 5

建設・不動産系企業

大手ゼネコンで唯一の非同族会社である大成建設に近い政治家は誰か

もう知っている人も少なくなったのかもしれないが、ある建設会社で創業家の御曹司がホステスと問題を起こし、彼女に会社の前に何日か立たれたことがあった。熊谷組とか大林組とか、鹿島を含めて建設会社には組と名乗っていたところが多い。いずれも創業家の力が強く、ジュニアが社長になる。それに対して大成建設は大手のゼネコンの中では唯一の非同族会社であり、サラリーマンが社長になれる。

大倉財閥の創業者である大倉喜八郎の息子、喜七郎がGHQの財閥解体の意向を先取りするようにして大倉家と絶縁し、大倉土木から大成建設に改名して再スタートした。

いまから30年ほど前に当時の社長、里見泰男にインタビューしたら、戦後の新しい歩みについて、こう語っていた。

「戦争に敗けて、財閥が全部追放された形になり、キャップのいない会社になってしまった。それで、何とかしなければと社員持株制を発足させ、役員も選挙で選ぶというようなことをしたんですね。よく、これまで社員だけで守ってきたと思います。とにかく、大倉土木の時には社員は営業なんかする必要がなかった。大倉さんの顔でどんどん仕事がきたからです。ところが、大成建設になって、営業も何もみんな自分たちでやらなければいけない。それで逆に、いろいろ鍛錬されたんだと思います」

大成建設の子会社のケーヨーリゾート開発が浦安にオープンしたシェラトン・グランデ・トーキョーベイ・インターナショナルの社長を『ルワンダ中央銀行総裁日記』（中公新書）の著者、服部正也がしていた。服部の冒険を恐れぬ痛快な人生は、いまもなお新たに読者を獲得し続けている前掲書に詳しいが、里見は、ホテル業は利益の回収に時間がかかるけれども、長い目で見れば、資産として残っていくと言っていた。

ところで、建設会社は政治献金の額でも上位を占める〝政治産業〟である。裾野が広く、札と呼ばれる票も持っている。

では、大成は誰と近いのか。

私との共著『日本を売る本当に悪いやつら』（講談社+α新書）で、朝堂院大覚《ちょうどういんだいかく》が次のように語っている。

「これ（オリンピックの様々な利権）は90％、森（喜朗）の利権だね。だから、安倍（晋三）も突っ込もうとしたけれども、森にやられてるね」

〝最後のフィクサー〟と呼ばれて政界の裏事情に詳しい朝堂院に私が、

「森はゼネコンではどこですか」

と尋ねると、彼は、

「大成建設だね。石原（慎太郎）は鹿島建設ですよ。森は大成だから大成中心で組んだんじゃないかな。オリンピックのスタジアム」

と答えた。

森が途中でオリンピック組織委員会の会長をやめることになっても、「大成中心」は変わらなかっただろう。

ミサワホーム吸収合併交渉の席でトヨタの奥田碩をグサリと刺した三澤千代治のひと言

私が経済誌にいた1980年代からの知り合いの三澤千代治《みさわちよじ》はミサワホームの創業者で、「履歴書に失敗欄がほしい」などと語るユニークな経営者だった。だからミサワホームは辛口と言われる私がほめる数少ない会社だったのだが、その三澤から憤慨した様子で電話がかかってきたのは2005年の春だった。トヨタに卑劣な方法で会社を乗っ取られたというのである。しかも、どこもそのことを書いてくれない。それで私が関わっていた『週刊金曜日』の同年4月15日号でインタビューした。同誌は広告のない雑誌なので、トヨタの影響力が及ばない。

その時点でミサワは120万戸を竣工していたが、トヨタホームは6万戸に過ぎなかった。「トヨタホームの役員がトヨタホームに住んでいないいんだもんなあ」と三澤は嘆いていた。それでトヨタはミサワの乗っ取りを図る。

1997年に東海銀行頭取の西垣覚に「三澤さん、トヨタホームと合併してくれ。私の顔を立てくれ」と言われた。株式を50％トヨタに渡してほしい。それがダメなら業務提携してくれ、と頼む。

断ったら、2003年10月に当時、金融担当大臣だった竹中平蔵が設定して、経団連会長のトヨタの奥田碩に会わされた。経団連会長室でだが、そのころ竹中の兄がミサワホーム東京の社長で「平蔵がそこに行くと職務権限違反になるから行かない」と言う。平蔵からも「明日行ってください」と念押しの電話があった。そして、経団連会長室である。

世間話の後で奥田が社名をトヨタホームにしてくれと言う。三澤は「60歳を過ぎて婿に行くような話は困ります」と否定する。それで険悪になった。気まずい沈黙があって、三澤は「奥田さんは1年に何人、人を殺しているんですか」と尋ねた。奥田は答えない。

トヨタの最高責任者が、交通事故で何人死んでいるかということに意識すらないとはひどいと、三澤は思ったという。

それで、「1万2000人の死者でトヨタは1兆円の利益をあげているんですよ」と迫った。

当時の世界の交通事故死亡者のうち1万2000人がトヨタ車のシェアに相応すると三澤は指摘したわけだ。

「夜にセンサーが働いて、障害物があるとブレーキがかかる装置があります。最高速度を抑えるスピードリミッターもある。しかし、トヨタの年間生産台数700万台に装置すればトヨタの利益はすっとんじゃう」とも言った。

奥田は「自動車産業を人殺し呼ばわりしやがって」と激怒したらしい。

その後、トヨタの圧力で銀行が、ミサワホームが支援して三澤が会長をしている環境建設への融資を打ち切る。

そしてミサワホームは産業再生機構に放り込まれた。三澤によれば、2004年12月に奥田が「ミサワを再生機構にやればいい」と発言し、その翌年の1月からマスコミは三澤のトヨタ批判を取り上げなくなった。電通のプロジェクトチームがマスコミを止めたのである。

西松建設が中国人強制徴用裁判で和解したのはなぜか

この国の会社で、後継社長が前任社長と違う方針を打ち出すのは容易なことではない。それも政治がからむ話ならなおさらである。ドイツでは政府の責任とは別にベンツやフォルクスワーゲンが企業の戦争責任を認めて被害者と和解したが、日本では鹿島が中国人の強制連行、強制労働の責任を認めて和解する2000年まで、なお時間がかかった。

鹿島の次に和解が成立したのが西松建設だが、池田香代子著『花岡の心を受け継ぐ』（かもがわ出版）で、これらの裁判に関わった弁護士の内田雅敏が秘話を明かす。

1944年に広島の安野発電所建設工事を請け負った西松建設が360人の中国人を強制連行・労働させたことについて1998年に訴えが起こされる。2度、除斥期間と時効の壁で請求は棄却されたが、2004年に広島高裁が「時効を適用するのは正義に反する」として、訴えは認められ、裁判になった。最高裁は2007年に権利がないわけではないので当事者間の自発的解決が望ましいという付言をつけた。

それまで西松建設を引っ張っていたのはワンマンの國澤幹雄だった。國澤から近藤晴貞に社長が代わり、懸案のこの問題を解決しようという機運が生まれる。そして和解に動き出すのである。秘話は近藤が内田の愛知県の高校の後輩で、手紙のやりとりがあったことだった。

内田宛ての手紙で近藤は「当社の株主総会は、常にその問題で紛糾し、当時の役員は頭を悩ましていた」と打ち明け、最高裁判決の「付言」をよりどころとして決断したが、「決断の深層には三河の風土で育ったことも影響しているのではと思う」と書いている。

内田はその付言を書いた最高裁判事の今井功とも面識があり、手紙を出したら、「自分たちの書いた付言がこういう形で生きてくるとは本当にうれしい」と返事が来たという。

言うまでもなく会社は社会に育まれるものであり、社会や歴史と無縁ではないのである。

安藤建設を吸収合併して安藤ハザマとなった旧・間組の新東宮御所造営工事1万円落札事件

安藤建設を吸収合併したこの会社、つまり旧間組で忘れられないのは、1958年に新東宮御所造営工事に1万円で応じたことである。当時の皇太子（現上皇）妃に決定した現上皇后の人気で、〝ミッチー・ブーム〟が沸き起こっていた。

工事の指名入札に建設大手7社が参加したが、宮内庁は第1期工事分として8700万円を計上し、施工を監督する建設省（現国交省）は予定価格を少なく見積もっても7000万円前後と計算した。

ところが、間組は1万円という破格の価格で落札したのである。

「売名行為だ」

「いや、見上げた忠誠心だ」

と世論を揺るがす騒ぎとなり、国会の場まで議論が持ち込まれた。

そのころ、間組の本社は青山通りをはさんで東宮御所と隣接し、戦災で焼失した東宮仮御所の造営を請け負うなど東宮御所とは深い関係があったので、社を挙げて応札をという雰囲気になったらしい。

「何が何でも落札してほしい」ということで、社内はもちろん、下請けまで巻き込んだ決議文が当時の社長、神部満之助の下に届けられた。そうした動きを受けての1万円入札だったわけである。

しかし、騒ぎが大きくなって、建設省も放っておけなくなった。神部に働きかけて事態の打開を図ったが、神部は応じない。ところが、突然、入札を辞退した。

神部が私淑していた元首相の吉田茂が、

「皇太子殿下や天皇陛下にご迷惑をかけては、真心は通じないよ」

と説得したといわれる。

その結果、入札に参加した7社がすべて辞退し、改めて共同企業体を組んで平等に工事に参加することになった。

世間が心配したのは、他の顧客にも平等に接してくれるのかということだったろう。

裏金作りにキャバクラ接待。鹿島建設は〝組〟時代と変わらない

建設会社はいまでこそ大成建設や清水建設と名乗っているが、戦後まもなくは鹿島組とか清水組と称していた。大林組や熊谷組のように、現在も組のままのところもある。

そのために「日本では暴力団が組と言っている」という知識をもってやってきたGHQの高官が「日本には何と暴力団の会社が多いことか」と驚いたとか。しかし、その驚きは訂正する必要がないのかもしれない。

2020年7月27日、「復興事業で裏金作り」という大見出しの下に「下請けからゼネコン幹部に還流」というニュースが『朝日新聞』の紙面に踊った。清水建設、安藤ハザマ、大成建設、そして鹿島（鹿島建設）の幹部らに工事費の水増しで作られた裏金で現金が提供されたり、キャバクラでの接待がされたという。暴力団がみかじめ料を取ったり、下部組織から上納金を提供させるのと同じである。鹿島をはじめ、ゼネコンは組という名は捨てても、やっていることは組時代

と変わりがないと言われても仕方がないだろう。

自民党総裁選挙に鹿島がからむ石川達三の『金環蝕』（岩波現代文庫）の解説文を私が書いたら、鹿島の副社長だった渡辺喜三郎の孫（山川とおる）から手紙をもらった。そこには彼が『エコノミスト』の2000年11月28日号に書いた「戦後政治とゼネコンの源流」が同封されていた。

中に「現金以外の物が威力を発揮」した例として、東南アジアのある国の大統領夫人に〝腕の喜三郎〟が攻勢をかけたケースが紹介されている。真珠が大好きな夫人に、銀座の和光にある真珠のすべてを大きな袋に入れて届けるのである。そして、メデタク、鹿島はその国での河川工事の受注に成功した。

政界工作のための裏金づくりの方法も興味深い。簡単なのは材料を抑えて費用を浮かすことだが、後で手抜き工事が判明して問題になる場合がある。喜三郎が使ったのは架空の人件費を計上するもので、作業員の数を倍にする。当時は住所不定の者が多く、給料の受領印さえあれば税務署が調査することは不可能だったという。

「企業は教育や政治の場ではない」と言った早川種三とフジ住宅会長の差

興人などを生き返らせて、〝企業再建の神様〟といわれた早川種三はとても魅力的な人だった。その早川が日本特殊鋼の再建を頼まれて乗り込んだ時、同社には共産党員が100人余りいると言って、大森警察署がリストを持ってきた。それに対して早川は、

「僕は働いてさえもらえば共産党でも大本教でも何でもいいと思っています。企業は教育の場でもなければ政治の場でもない。（労働）組合は更生に協力すると言っているんですから、それだけで十分です」

と答え、そのリストを突き返した。

憲法の思想の自由を持ち出すまでもなく、企業というものを的確に把握した考えだろう。

ところが、大阪にフジ住宅というトンデモ本ならぬトンデモ会社がある。会長の今井光郎が率先して在日コリアン等に対するヘイトスピーチが書かれた文書を社員に配り、その感想を書くよ

うに求めているのである。

「フジ住宅」ではなく「ヘイト住宅」だ。

たまりかねて在日3世の社員が2015年春に大阪弁護士会に人権救済を申し立てた。すると会社は300万円出すから退職しろと迫ってきたのである。この社員は訴訟を起こし、2020年夏に大阪地裁で原告勝訴の判決が出た。同社と会長に連帯して110万円払えという内容だった（編集部注＝現在、大阪高裁で控訴審係争中）。

同社が配布した原告非難の文書にはこんなことが書かれている。

「温情を仇で返すバカ者」

「これから彼女に対して世間から本当の意味でのヘイトスピーチが始まると思います」

「腹が立って、殴り倒してやりたい」

「日本人の価値観では相容れることのできない恥知らずな行為」

「とっとと会社を辞めれば良い」

この原告を支えるには「世間」が同社に頼まなければいいのである。こんな憲法違反の会社が生き延びていてはならない。

（以上、すべて敬称略）

Part 6

流通系企業
（スーパー／小売業／商社など）

コロナ禍だから業績を伸ばした〝おばあちゃんのコンシェルジュ〟移動スーパー「とくし丸」躍進の秘密

コロナ禍でも、いや、コロナ禍だからこそ、「とくし丸」は業績を伸ばしている。

買い物難民のための移動販売で〝おばあちゃんのコンシェルジュ〟をめざした。その移動販売車が全国で600台を越え、還暦を過ぎたばかりの創業者、住友達也は、2020年夏、40代の後継者に社長の座を譲った。そのグループに入ったオイシックスから担当として派遣されてきていた人である。創業から10年にもならないのに投手交代をやるところにも、この会社のユニークさがある。

買い物難民とは生鮮食品が買える場所が500メートル圏内になくて、自動車に乗れない人を指し、現在1000万人近い人がいるといわれる。主に過疎地の高齢者が対象だが、東京の四谷でも「とくし丸」の車が走っている。高齢者にとって高速道路など越えられない川のようなものなのである。

買い物難民はスーパーの大型化、郊外化によって、地元のスーパーが撤退していったこと、公共交通機関が弱体化したことによって生まれた。生協がかなりサポートしているが、注文してから届くのが1週間後で、ほとんどが冷凍食品であるため、たとえば刺身が食べたいといった需要に応えることができない。過疎地に住む高齢者の99%が女性で、彼女たちの声に徹底的に耳を傾けることによって、この事業は成功した。

「週2回訪問します。3日に1回買ってください。つまり3日に1回、赤の他人が玄関先まで来てウェルカムなものは食品以外考えられません。僕らは来てもらわないと困ると言われる存在になりたいと思います」

住友はこう語っていたが、それを続けて、電球を替えてほしいとか、郵便物を出してほしいとか頼まれる。軽トラックを利用し、冷蔵庫も積んで、300品目から400品目。点数にすると1000点から1500点の食品を載せている。郵政民営化ならぬ会社化によってなくなった過疎地の郵便局の代わりに住民のライフラインの役割も担っているのである。

「社畜」というコトバを作った小説家にしてサミットストア経営者によるスーパーマーケット論

「社畜」というコトバをつくったのは私のように誤解されているが、私ではない。東大法学部を出て住友商事に入り、飽き足らずにサミットストアに移って、のちに社長になった荒井伸也《あらいしんや》である。荒井は安土敏《あづちさとし》という筆名で『小説スーパーマーケット』（講談社文庫）等の小説も書いた。荒井自身が、会社に飼われた家畜を意味する社畜ではなかったのである。

初対面の時、いきなり、手もとの紙袋を引き寄せて、かなり専門的なスーパーマーケット論を展開し始めて私を驚かせた荒井は、本格的スーパーマーケット、すなわち真の流通産業の開拓者として、「関西スーパー」を展開する関西スーパーマーケットの社長だった北野祐次を挙げた。そして、「スーパーマーケットは、生鮮食品を中心にして毎日の消費者の食事の材料や総菜を提供する、もっともっと生活に密着した地道な商売」だと強調した。

「これまでスーパーという名の大衆百貨店は、大量販売の力をつけて、メーカーから価格決定権を奪い取ることを目標にしてきました。しかし、生鮮食品については職人任せで、高水準の生鮮食品売り場をつくりあげる技術を開発してこなかったのです」

と続けた荒井は、

「それに対して、関西スーパーの北野社長は生鮮食品に科学的管理方式を採り入れ、職人の包丁さばきに依存しない生鮮食品の管理システムをつくりあげました」

と結んだ。

『小説スーパーマーケット』の中で、北野がモデルの「亀山社長」は、どうせ捨てるキズモノの「割引コーナー」がある限り、よい売り場はできないと指摘する。

「堂々と胸を張って売れない商品は、どんなにお客様が望んでも、どんなに安い値段をつけても売ってはいけない」のである。悪いものは廃棄ロスを気にせずに捨てる一方、鮮度を保つために保鮮庫を備えなければならない。

「80歳まで雇用する」と宣言した家電量販ノジマ社長・野島廣司への期待

静岡県には静岡銀行とスルガ銀行という地方銀行がある。堅実経営で知られる静銀はシブ銀と言われ、女性専用シェアハウス「かぼちゃの馬車」を運営するスマートデイズ社への不正融資で問題になったスルガ銀行にはズル銀という別称があったらしい。シブ銀はその渋さで残ったが、冒険をせずに貸さないことが銀行として果たしていいことなのか。一方、スルガはすべて否定されるべきなのか。

創業の岡野家に代わってスルガの筆頭株主となったノジマの社長、野島廣司《のじまひろし》が『週刊東洋経済』の2020年10月17日号のインタビューで傾聴すべきことを言っている。

「スルガ銀行は確かに不動産のほうへ行きすぎてしまっていました。でも元は違うのです。スルガ銀行はもともと飲食店をやる個人事業主や、マンションを購入したい女性や非正規社員などに融資する銀行でした」

要するに〝堅実経営〟のシブ銀からは相手にされなかった信用弱者たちに手を差し伸べていたのである。

野島の知り合いにも「スルガに救われた」という人がいる。コックとしてレストランを開業したかったが、どこの銀行も融資してくれない。そんな時にスルガは事業計画をしっかりと検討して融資してくれたという。

「私は、スルガ銀行に、個々人の意欲や能力を見抜き、助けの手を差し伸べるような元の姿へと原点回帰してもらいたいと思っています」

こう語る野島にリードされてスルガは再生するはずだった。

また、そんな野島が創業した家電量販のノジマも、もちろん期待できる。

野島は「80歳まで雇用する」と宣言した。このリストラ・バンザイの新自由主義の世の中にあって稀有な宣言である。「体力と気力があって本人が働き続けることを望んでいるのであれば、何歳までだって働いてもらいたい」という野島の発言がいい。

サンリオ社長が中国の首相に説明した「キティちゃん」の3つの特徴とは

中国を攻撃することが経済安保だなどとバカなことを言う輩が増えているが、2010年の春に、中国の首相、温家宝《おんかほう》が来日し、作家の辻井喬や演出家の浅利慶太らを招いて座談会を行った。その中で異彩を放ったのはサンリオの社長（当時）辻信太郎である。

サンリオを代表するキャラクター「キティちゃん」の父と呼ばれる辻は、着物姿のキティちゃんを用意し、それを温家宝に渡そうとした。

すると温の方が辻に歩み寄り、

「このプレゼントは私よりも孫の方が喜ぶでしょう」

と笑顔で言ったのである。

中国では要人が自ら立って来ることはほとんどない。よほど孫の喜ぶ顔が浮かんだのだろう。その思いが先に立って歩み寄ってきたに違いない。

辻は温にキティちゃんを渡す時にこう言った。

「このキティちゃんは日本でデザインし、中国で製造したもので、中国と日本の密接な関係を象徴しているようなキャラクターです」

そして、3つの特徴を挙げた。

まず、かわいい。それから蝶結びのリボンをしているが、これは心と心のつながりが大事だということを表している。さらに、キティちゃんには口がないけれども、それは言葉ではなく行動で人を助けることを促している。

つまりは平和を体現するキャラクターだということである。

そうしたアニメを含む文化交流に力を入れている温は、その座談会の席で、

「文化は異なる民族や異なる国家の間の感情と心情を疎通させる橋梁です」

と挨拶した。

よく、スポーツは国境を越えるといわれるが、商売、すなわち経済こそが国境を越えるのである。

中国を攻撃してばかりいる政治家は経済や企業を知らないこと甚だしい。

戦時中に軍需産業へ転ばなかったミキモトの「真珠翁」のビジネス哲学

歌人の馬場あき子に「マスクしてコロナウイルスに抗へば不要不急のものらかがやく」という歌がある。真珠など「不要不急のもの」だろう。しかし、「非常時」と抑圧された戦争中に「ゼイタクは敵だ」と非難された時に「ゼイタクは〝素〟敵だ」と打ち返した者がいた。

私はゼイタクを好む者ではないが、それが排斥される時代は決していい時代ではない。

『真珠新聞』に頼まれて、杉田勝時というミキモトの社長にインタビューしたことがある。杉田は東京商大（現一橋大）で城山三郎と同期生だった。本名が杉浦英一の城山とは出席番号も1番違いだったそうだが、真珠のことなど何も知らない私は、あわてて、その時、ドロナワ式に源氏《げんじ》鶏太《けいた》の御木本幸吉《みきもとこうきち》伝『真珠誕生』（講談社）を読んだ。

その効果があったかどうかはともかく、やはり「真珠翁」はなかなかおもしろい人物だったようである。

ある時、「会社組織が嫌いだそうだが」と聞かれて、こう答えている。

「わしは自分のためでないと働かない人間だ。株式会社なんか誰のために働くのかわからんじゃないか」

太平洋戦争が始まった時、幸吉翁は83歳だったが、時局に便乗して軍需産業に転換する実業家が多い中で、翁はそれをやらず、もぐらが1匹、しっくい溝の中に死んでいるのを見ながら、

「もぐらが死んでいる。もぐらはやわらかな土の中に棲んでいるものだが、こんな固いしっくいの上に出て来たので、あんなことになってしまった。人にはそれぞれ歩むべき道がある。わしはわしの道を歩みつづけるつもりだ」

と言い切った。

こうして、あくまでも軍需産業への転換を拒む翁に「非国民御木本幸吉は之で切腹せよ」と白鞘の短刀を送ってよこした者もいるとか。

真珠業はつまり「平和産業」なのである。

〝驚安の殿堂〟ドン・キホーテは日本的経営に反逆して成長した

「日本一地価の高い所に店を構えて夕方6時には閉めてしまう。こんなやり方は絶対永続きしない」

東京は銀座の百貨店が並ぶ通りを歩きながら、ドン・キホーテの創業者、安田隆夫は作家の石川好にこう言った。何年か前のこの予言が的中して、百貨店はいま軒並み苦境にあえいでいる。

百貨店はいわばゼイタク感を売っていた。しかし、ドン・キホーテはティッシュ・ペーパーの隣にブランド品を並べている。安田は夜12時まで店を開けて、ナイトマーケットを発見したのである。

「逆張り商法」といわれるこの会社の軌跡を見ていると、城山三郎が『価格破壊』のモデルとしたダイエーの中内㓛を思い出す。

中内は「生産者主権」ではない「消費者主権」の社会をめざして、松下電器（現・パナソニック）や花王などの大メーカーに挑戦した。それがいつのまにか「ダイエー主権」になってダイエーは消えてしまったと私は見ているが、兵隊にとられて死線をさまよった中内はスーパーを平和産業として捉え、「明治生まれの人間が戦争を計画して、大正生まれのわれわれがそれを一銭五厘の旗の下でやらされた」と反発して、政財界トップの徴兵制容認発言などに対しても噛みついた。

安田はそんな社会的発言はしない。しかし、29歳の時に始めた店に「泥棒市場」と名づけたほどとんがっている。ダイエーやイトーヨーカ堂など大型チェーンストアの全盛期に零細な店が注目されるには「通行人が目を剝くようなネーミングにする」（安田隆夫『安売り王一代』文春新書）しかなかったからである。

一方、バブル時代に一切、財テクや土地転がしをやらなかったという堅実さも持っている。ドン・キホーテでは、上司が部下の仲人になることを禁じている。馴れ合いや情実の生まれることを防ぐためだが、この会社はいわば「日本的経営」に反逆して成長したのである。

安倍晋三のロシア案件「アーク2」に出資する三井物産の泥沼

2022年3月23日付の『日刊ゲンダイ』に金子勝が「『サハリン』より筋悪な安倍案件『アーク2』から即撤退せよ」と書いている。ロシアのガス大手を中心とするLNGのプロジェクトのアーク2に出資する日本勢の権益は10%で、三井物産が25%を出資する。経産省丸抱えのこのリスクの高い事業に三菱商事は参画しなかったという。

この事実を知ってすぐに思い出すのは物産の屋台骨を揺るがしたイラン石油化学プロジェクト（IJPC）だろう。どうも、物産はあれから教訓を得ていないようである。物産のトップは池田芳蔵や籾井某など、その後、NHKの会長になって問題を起こした人物を輩出している。トップにふさわしい人物が選ばれているようには見えないのである。

日本とイランの合弁のIJPCは1979年のイスラム革命で盤石を誇ったパーレビ体制が崩壊し、その後、イラン・イラク戦争が始まって、完成を目前にしたコンビナートは、工事中断を余儀なくされる。

高杉良の『バンダルの塔』(講談社α文庫)はIJPCがモデルだが、高杉は小説の結び近くで、ある中堅社員にこう言わせている。

「僕は、長谷川社長(モデルは池田)が首を吊るんじゃないかと心配です。罪の深さを考えたら、夜も眠れないでしょう。たとえ革命であれ、オイルショックであれ、経営者は結果が問われるわけですから、責任をとるのは当然です。それに、IJPCの歴史をふりかえったら、間違いだらけで、べからず集をまとめたら、優に一冊の本ができるんじゃないですか。徹頭徹尾、失敗の繰り返しです」

これは実際に物産の社員が高杉に語った言葉だというが、トップの決断が、たとえ誤っていたとしても、ミドルはその決断に従って、そのプロジェクトを進行させなければならない。そこにミドルを含めた社員の悲哀がある。

高杉がこの小説を書こうと思ったのは、イラン革命を予言した総領事がいた、と聞いたからだった。小説では篠原となっている彼の名は篠村巌。プロジェクトが発足した当時はトルコのイスタンブールの総領事で、アフリカの小国ガボンの大使を最後に退職したが、篠村は「パーレビ体制はまもなく崩壊する」と断言していた。

1974年にまとめられた「事業概要」が「イランの現政権は極めて安定しており、国内・国外ともこれを覆す要因は見当たらず、中近東では最も安定した国と認められている」と書いていたころである。

しかし、篠村は、イスラム教のシーア派の僧侶の力は侮れないとし、底知れない資本力をもつバザール(市場)商人とモスク(イスラム)の接近から、パーレビ体制の崩れる日は近いと見通していたが、ノンキャリアの外交官だったため、何度、本国やイラン大使館にそれを意見具申しても取り上げられなかったのである。日本の総合商社のカントリーリスク研究に大きな欠陥があると言わざるをえない。

(以上、すべて敬称略)

Part 7

サービス系企業
（飲食など）

日本一の情報産業をめざすと豪語した
リクルート・江副浩正の経営理念とは何だったのか

大西康之著の『起業の天才！』（東洋経済新報社）が話題になった。副題が「江副浩正《えぞえひろまさ》8兆円企業リクルートをつくった男」。

この中に1994年7月、リクルートが出資した金融決済システムのベンチャー企業「ファイテル」で働いていたジェフ・ベゾスが、ヘッジファンドの「D・E・ショー」をやめて、オンライン書店の「カダブラ」（アマゾンの前身）を設立したとある。江副とベゾス、リクルートとアマゾンの一瞬の交錯である。

江副が起業したリクルートは株式時価総額が7兆円を超え、屈指の総合情報産業となったが、江副は「リクルート事件」の主役として記憶されている。

事件後、江副の持ち株を買った中内㓛は、「ワシはリクルートのような若くて元気な会社が大好きや」と言っていたが、新興企業ということもあって、創業時のリクルートには社員がなかなか入らず、それを逆手にとるように江副は女性を採用した。それで男女同数、平均年齢20代前半という時期もあったのである。

私は『潮』の1983年11月号に「リクルートの理念なき膨張」を書いて以来、ずっとこの会社が気になってきた。当時はリクルートで食べている物書きがたくさんいて、その一人から私は〝カマトト評論家〟などと言われた。きれいごとばかり書くなというわけだが、1980年代の末までには、リクルートは電通や朝日新聞社を抜いて日本一の情報産業になると江副は豪語していた。しかし、就職案内としてリクルートが出す情報には批判は含まれず、それでは広告ではないかと私は批判した。

それに対して専務だった森村稔は〝広告情報〟だと言って逃げたが、あるいは、いま、逆に朝日をはじめとしたメディアが批判精神を失ってリクルートに近くなっているのかもしれない。『起業の天才!』でショックだったのは、リクルートコスモスの社長となって事件の煽《あお》りを食った池田友之が自己破産していたことである。

藤田田、竹中平蔵、原田泳幸が作り上げた日本マクドナルドの味

思わぬ形でマクドナルドの名前がクローズアップされた。2021年2月、日本マクドナルド元社長の原田泳幸《はらだえいこう》が妻で歌手の谷村有美をゴルフクラブで殴り、逮捕されたというのである。原田は2004年に社長になるや、無料キャンペーンをやったり、100円マックをヒットさせたりした。それが〝原田マジック〟などと言われ、さすがはプロ経営者などと持ち上げられたのだが、しょせんはリストラ経営なのである。2013年に追われるようにベネッセに移り、その後は、タピオカなどの販売をするゴンチャジャパンの会長兼社長になるも、逮捕後に辞任し、現在は、健康食品の通販会社のCEO。

「人もうらやむセレブ夫妻」に苦難が訪れることは間違いない。

1971年に日本マクドナルドを設立した藤田田《ふじたでん》は東大法学部卒のエリートだったが、「授業料が安かったから」東大に行ったと言い、「国民の税金で勉強させてもらって卒業すると役人になる。

資本主義の世界でこんなバカげた話はない」と主張し、「マクドナルドのハンバーガーは、アメリカの本社がコンピューターを駆使して、世界のあらゆる民族がうまいと感じるようにつくったものので、あれをまずいと感じるのは、チンパンジーかゴリラしかいない」と豪語する、いささかならずイヤミな男だった。

あるシンポジウムで一緒になり、マクドナルドは日本人の身体と思想を革命的に変えるなどと言うので、肉食が多くなれば痛風も増えますよと返したこともある。

この藤田にうまくすりよったのが竹中平蔵だった。竹中がどれだけ食べているか知らないが、「これからはハンバーガーの時代だ」などと強調し、嬉しくなった藤田は竹中を、フジタ未来経営研究所の理事長にした。そして、日本マクドナルドの未公開株も竹中に譲渡したのである。それで私は竹中に〝マック竹中〟というニックネームを進呈したのだが、彼はそれを喜んでいないらしい。マック竹中に今度はバッティング原田も加わったわけだが、これもマクドナルドの味と言うべきか。

村山由佳が書いた『風は西から』にはワタミの真実が描かれている

経済小説の作家とモデルに取材して、その「虚と実のドラマ」を描くことから出発した私は、ズーッと経済小説もしくは企業小説の傑作を追い続けてきた。ワタミをモデルにした村山由佳の『風は西から』（幻冬舎文庫）は間違いなく読まれるべき作品である。

大体、トップが訓辞を垂れたがる会社はウサンくさい。松下電器（現パナソニック）の松下幸之助に京セラの稲盛和夫と、会社は学校でも宗教団体でもないのに、もっともらしいことを言い、そして、それを本にして、社員に売りつける。社員にしてみれば、迷惑なことこの上ないが、ワタミの渡邉美樹《わたなべみき》もそうである。

『風は西から』では、マジメな主人公が「社長の熱血ぶり」にコロッとだまされ、入社して、とんでもない目に遭う。あまりの忙しさに主人公の彼女が「山背」ことワタミに労働組合はないのかと訊く。

「労働組合なんてものは必要ないっていうのが、うちの会社の考え方なんだ。不平不満は、どんな小さいことでもすぐに上へ伝達されるから」と彼は答えるが、「上」はそれを聞いて働き方を考えるのではなく、不平不満をつぶすのだった。

社長の訓辞についてのレポートまで出させる勘違いを勘違いと思わないトップによって、主人公は自殺に追い込まれる。まさにブラック企業の典型なのだが、山岡誠一郎こと渡邉美樹の著作には「人間関係の大前提は嘘をつかないこと」とか書いてあるのだった。小説の中で主人公の父親がこう言って怒る。

「息子は全身全霊を傾けて『山背』のために働き続け、それなのに自分を否定され続けて、あまりにも疲れ果てた末に、死ぬくらいなら会社を辞めてもいいのだという普通の判断すらもできなくなり、衝動的に自殺を選んでしまいました」

高杉良の『青年社長』もワタミがモデルだが、『風は西から』の方が真実を描いている。

すかいらーく創業者の横川端は「外食産業は人材が勝負となる」と語った

コロナ禍で外食産業は厳しい状態に追い込まれている。ファミリーレストランのトップのすかいらーくグループも例外ではない。この会社は過労死問題を抱えていたが、それはどうなっているのだろうか。

「彼のパジャマを抱きしめ、泣き暮らしていました」

2007年2月10日、都内で開かれた「過労死をなくそう！ 龍基金」発足記念レセプション（注）で、代表の中島晴香はこういった。すかいらーくグループのファミリーレストランの店長だった夫の中島富雄が2004年の8月15日に急逝した後のことを振り返ってである。富雄は当時48歳。複数の店を担当させられ、多い月の残業時間は180時間を超えた。しかし、店長は管理職だとして残業代は支払われない。また、地区長の坂下という上司がとてつもない上司だった。

「言うことを聞けないのならやめろ」

こんなことを言われたと富雄はメモに残しているが、謝罪を求めた晴香たちを前に、

「言った覚えはありません」

と坂下はシラを切りつつも、

「ふつうの当たり前の一言ひとことが相手にとってみれば、すごい重たい言葉なんだと……」

と言って実質認めざるをえなかった。涙を怒りに変えて立ち上がった晴香は、

「私は今日は殺人犯の顔を見に来たつもりです。新百合ヶ丘（店）の掃除をしろと。お前目をつけてる？　どういうことか」

と追及した。もちろん、坂下だけが〝殺人犯〟なのではない。長男が「父は会社のシステムに殺された」と言っているように、こうした過労を強制するシステムを放置していた経営者と、そしてそれにほとんど抗議しなかった労働組合も〝共犯者〟である。創業者の横川端《よこかわただし》は『外食王の飢え』（講談社文庫）を書いた城山三郎との対談で、「外食産業は人材が勝負となる」と強調しているのだが……。

※編集部注＝龍基金は２０１６年に活動を終了。また「すかいらーく」ブランドの店舗は２００９年にすべて消滅している。

美々卯の薩摩社長は労働組合が嫌いだから東京美々卯をつぶしたのか

東京は京橋にあった東京美々卯《みみう》が閉鎖になり、この解散が労働組合を嫌う美々卯（社長、薩摩和男）によるスラップ訴訟であるかどうかが争われている。うどんすきの東京美々卯は何度か行ったが、大阪から進出した美々卯は全国一般東京地本に加わっていた東京美々卯の労働組合が嫌いだったらしい。

東京美々卯の社長、赤松健治に引き立てられて後継社長となった武田巻人が大阪地裁に出した陳述書で、こう指摘している。

「いまにして思えば、2015（平成27）年の定期借家契約への切り替えも、薩摩和男氏が将来の再開発を見据え、京橋店を追い出しやすくするために準備したものだったのだと思います。またそれ以上に組合嫌悪が根底にあったのは間違いありません。赤松社長を名古屋に『異動』させようとしたときも、新橋店閉鎖問題のときも、組合が立ちはだかって思い通りにならないことから、そのような組合がある東京美々卯はいずれ解散させたいという目論見をもっておられたのだと思います」

ロングセラーから一時またベストセラー入りした『ルワンダ中央銀行総裁日記』（中公新書）の著者、服部正也は、いわゆる日本的経営がもてはやされていたころ、強い労働組合を相手に経営しているイギリスの経営者の方が、日本の経営者より格段に優れていると話していたが、その通りだろう。この国には、労働組合と聞くだけで横を向く経営者があまりに多い。しかし、組合を大事にする感覚と客を大事にする感覚は同じなのではないだろうか。働く人間を大切にしない経営者が、味わってくれる客を大事にするとは思えない。

評判というのは、案外に的を射ているものである。伊藤彰彦著『最後の角川春樹』（毎日新聞出版）に、こんな逸話が載っている。

角川書店は、春樹の祖父が1918年に設立した米穀商の「角川商店」に始まる。春樹によれば「実直に働き、倹約に努めた祖父」はまもなく、角川商店を北陸一の米穀商にしたという。

そして、1918年に「越中女房一揆」と呼ばれた米騒動が起こる。角川商店は現在の富山市水橋町にあったが、襲われなかった。水橋町で一番大きな高松商店は襲撃されたが、角川商店はその難を免れたのである。それについて春樹はこう語っている。

「祖父は自分だけが豊かになるのではなくて、利益を地元に還元していたからです。たとえば、被差別部落の人たちにも分け隔てなく仕事をあたえた。角川商店の4人に1人は被差別部落の人だったんです。そんな祖父は地元では『生き仏』『生き神様』と呼ばれていて、『富山の米一揆』で女性たちが立ち上がり、米穀商を次々と襲っていったとき、彼女らは角川商店だけは素通りしたんですよ」

労働組合を嫌う前近代的経営者には、また、社員に説教をするのが好きな者が多い。何かあった時、真っ先に襲われる者である。

（以上、すべて敬称略）

Part 8

マスコミ系企業

（新聞／放送）

それでも日枝久はフジサンケイグループに居座り続ける

フジテレビの外資規制違反は、他社だったら、もっと激しく非難されただろう。まだ実力者として君臨する日枝久《ひえだひさし》は元首相の安倍晋三に最も近い経営者だった。それで、当局とかからの追及の矛先が鈍ったと思わざるを得ない。日枝の数々の〝失敗〟の一つが、ホリエモンこと堀江貴文のニッポン放送株買い占めへの対応だった。フジの親会社のニッポン放送にTOBを仕掛けて、堀江はフジを支配しようとした。2005年のことである。

これは約1470億円をフジが支払うことで和解したが、直後のフジの株主総会で日枝の責任を問う声が噴き出し、大荒れに荒れた。

その後、ニッポン放送社長の亀渕昭信やフジテレビ社長の村上光一は辞任したが、日枝だけは居座り続けた。

この時、堀江の後ろには元通産官僚の村上世彰がいたといわれる。中川一徳著『メディアの支配者』（講談社文庫）によれば、村上とライブドア（堀江）間のインサイダー取引は枝葉に過ぎず、本筋の疑惑は村上とフジテレビの間のインサイダー取引だった。村上と日枝には「知られざる蜜月関係」があり、検察がフジすなわち日枝の疑惑には目をつぶったというのである。

「村上はニッポン放送が抱えるお宝のフジテレビ株に目をつけ、その〝価値〟を簒奪するために、一方のフジテレビはニッポン放送を親会社から引きずり降ろすために共闘していたのだ」と中川は断定している。

ちなみに、フジのアナウンサーの佐々木恭子は元ライブドア証券の社員と再婚した。堀江も主賓で出席するはずだったが、逮捕されていてダメだった。

その結婚式で、佐々木と一緒に朝の「とくダネ！」に出ている小倉智昭が挨拶し、

「フジテレビはライブドアに買収されませんでしたが、佐々木恭子は買収されました」

と言ったという。

日枝はそれをどう聞いていたのか？

テレビ朝日にみる会長という役職の存在意義

そもそも会社に会長は必要なのか。社長を退いて会長になるのが慣例化しているが、それは責任の所在をあいまいにする二頭政治を生むだけだろう。だから私は、会長兼社長という珍妙なものになっている経営者を認めない。長きにわたり、ワンマン会長として君臨することも同様である。テレビ朝日の社長がクビになって、一時期だとはいえ、会長と社長を兼任し、さらに新社長が決まった後も会長の座に居続ける早河洋の場合もそうである。

住友銀行の会長、磯田一郎が、自分が選んだ頭取の小松康を任期途中で突然解任した後まもなく、ライバルの三和銀行会長兼頭取の川勝堅二に会って、「おたくでは住銀のように会長が頭取をやめさせるということはありませんね。会長が頭取を兼任しているんですから」と皮肉ったことがある。

もともと会長職は一般的ではなかった。ところが、いつまでもポストにしがみついていたい人間が多いために会長が常設になり、たとえば会長の集まりなどに社長や頭取という肩書だけでは出にくいとして、会長兼社長、会長兼頭取というおかしなものが生まれた。ヤボの極みである。

2022年2月のテレビ朝日の社長解任騒ぎも早河がヤボの極みであることから起こった。自分の腰巾着のような人でなく、しかるべき人間を後継者に据えて、さっさと会長もやめていれば、天下に恥をさらすようなドタバタ劇は起こらなかったはずである。

『ZAITEN』の2014年8月号に「好調・テレ朝『奥の院』」という興味深いリポートが載っている。「安倍首相との関係を吹聴するテレビ局トップ」として、テレ朝会長の早河の写真入りである。「社内を闊歩する異形の出版人」の幻冬舎社長・見城徹の写真も一緒に載っている。

それによれば、安倍が首相に返り咲いた後の2013年3月22日、見城は早河と一緒に首相公邸に安倍を訪ね、会食している。

「それ以降、早河さんと安倍首相は直接、携帯電話で話をする仲になったようです。でも公平中立を求められるテレビ局の経営者という立場をよくわかっていないのか、早河さんは『安倍さんから電話がかかってきちゃったんだよなあ』などと周囲に自慢しているそうです」（テレ朝関係者）

その後の番組改編でコメンテーターも大幅に入れ替えられた。安倍に厳しいなかにし礼や古賀茂明らが姿を消し、代わりに見城と親しい「バーニングプロダクション」社長、周防郁雄の関係者が入ってきたのである。

1996年にルパート・マードックが孫正義と組んで、テレ朝の全株式の約20％に当たる株式を旺文社から買い取って、「すわっ、乗っ取りか」と騒ぎになったことがある。

この時は朝日新聞社がマードックから全株式を買い取り、テレ朝を子会社化することで買収劇を失敗に終わらせた。

しかし現在はテレ朝が朝日新聞社の社主だった村山家から朝日新聞社の株を買い、新聞のコントロールも利かなくなっている。

大阪府と包括協定を結んだ読売新聞社ナベツネの特権論

大阪府と連携して、いよいよ新聞であることをやめた『読売新聞』が同じく権力べったりの『産経新聞』を買収するのではないかという噂が流れているらしい。読売に身売りするわけだが、すでに政権に身を売っているのだから、驚くには及ばないのだろう。身を売った者同士の〝結婚〟である。

「新聞は昭和26年の日刊新聞紙法や、独禁法の特例としての再販制度や、公選法その他いくつかの法規で、その特権が守られています。それは、この国の民主主義を支える言論の自由と独立を守るために与えられた特権であって、新聞は特定の人物の私有物であってはなりません。公私混同は許されません。そのことは、現在経営陣にいるわれわれも、鉄則として守られねばならないことです」

これは、何と、読売のドンのナベツネこと渡邉恒雄《わたなべつねお》が2002年の販売店の総会で主張した特権論である。同年7月の『読売新聞社社報』に載っているが、あくまでも新聞であった場合の特権である。しかし、20年経った現在でも渡邉は読売が自分という「特定の人物の私有物」になっているとは考えられないだろう。

内部から反乱を起こした清武英利と私の編著『メディアの破壊者　読売新聞』（七つ森書館）で清武はブラックジョークのようなこの渡邉発言を紹介しつつ、読売の現状を「情けない」と嘆いている。

一番おかしいのは、巨人軍の過去の契約金をめぐる内幕を暴露した2021年3月15日付『朝日新聞』の記事のネタ元が清武であると断定して訴えたことで、何と東京地裁はそれを認めてガサ入れまでおこなわれた。

これはまさに新聞として自殺行為だと言わなければならない。逆に『読売新聞』の記事について情報源を明らかにせよと言われたら、明らかにするということだからである。

大体、新聞は訴えられる側であっても、訴える側ではないだろう。言論で勝負できないから司法権力に助けを求める読売は、その時点で、もう新聞ではなかった。

読売は清武と関わりのあった社員を、清武叩きの尖兵に使って、彼の身辺を調査させた。

これでは定款に興信業とかを加えなければならない。

老害のナベツネの顔色をうかがっている意気地のない幹部や記者の背筋は、ドンが退場しても伸びることはない。ドンに抵抗できなかった者たちの背骨は曲がったままになってしまうからだ。

作家の志賀直哉が「老いらくの恋」と騒がれた川田順をモデルに書いた戯曲についての川田への手紙の中に痛烈な読売新聞評がある。

「私は半年程前から読売には一切書かぬといふ宣言をしてゐるので此度読売はあの作品で問題を作り上げようとするだろうと考へ、若しさういふ場合は読売或は読売の一部の記者に対し宣戦してもいいと考へてゐましたが、貴方のよく分った御返事で面倒な事もなく済み、ありがたく思ひました」

そして読売には「平地に波乱を起したがる赤新聞的下等さが濃厚にあります」と酷評している。

日本経済新聞社で2003年に起きた社長解任クーデター

「株式会社・日本」の〝社内報〟と私がヤユする日本経済新聞社で、社長解任クーデターという反逆の狼煙《のろし》があがったのは2003年だった。日本新聞協会賞を受賞した敏腕記者で現役の部長だった大塚将司が内部告発をしたのである。日経はオーナーがいなくて、株は社員やOBが持っている。大塚は社員株主として、子会社の不正経理問題や社長の鶴田卓彦の女性スキャンダルを指弾する文書を社員らに送付し、鶴田の取締役解任決議を求める議案を提出した。

すると鶴田は大塚を名誉毀損で東京地検に告訴し、株主総会の直前に一方的に懲戒解雇したのである。

それに対して大塚は鶴田らを相手どり、子会社の不正経理により生じた損失分の94億円を日経に賠償するよう求める株主代表訴訟と、自身の解雇無効確認訴訟を東京地裁に起こすことで対抗する。

その株主総会では鶴田の解任案は否決され、鶴田は代表権のある会長から相談役となって院政を敷いた。

雑誌『創』は2004年の1、2月合併号で、日経OBを対象に実施したアンケート結果を載せている。そこには痛憤の直言が並ぶ。

同誌編集長の篠田博之は「ジャーナリズムとはいわば他人に対して土足で踏み込むことをなりわいとした職業である。それが自分のこととなると、不都合なことを覆い隠そうとするのでは、読者の信頼は得られるはずもない。自らを厳しく検証し、自浄作用を発揮してこそ、ジャーナリズムは他社を追及する権利を担保し得るのだと思う」と指摘しているが、その通りだろう。

大塚が「鶴田解任」の株主提案をしたことについては、71%のOBが「意義ある提起だ」とし、鶴田前会長の辞任は「表面的な糊塗策で何の解決にもなっていない」という答えが55%、「鶴田体制を支えてきた役員は総退陣すべき」という声も48%で半数近かった。この体質は現在も改まってはいない。

「武富士」に対してだらしなさが際立った朝日新聞社

2021年3月に刊行した『時代を撃つノンフィクション100』（岩波新書）に私は、サラ金の武富士に関する本を2冊入れた。山岡俊介の『銀バエ』（創出版）と三宅勝久の『武富士追及』（リム出版新社）である。

山岡は武富士のドンの武井保雄が命じた人間に盗聴され、ヒットマンまで放たれようとした。

そんな武富士の広告を『朝日新聞』は載せ続けたのである。

2005年11月に出た『武富士追及』にはこう書かれている。

「特に『朝日新聞』の武富士に対するだらしなさは際立っている。2004年5月と9月、武井保雄に対する刑事公判の真っ最中にもかかわらず、『朝日新聞』大阪本社版が営業広告（全5段、半5段）を掲載した」

上半身でリベラルなことを言っても、武富士の広告を載せては、下半身が真っ黒に汚れていることになる。それをエリート記者たちは何とも思わなかったのだろうか。それでは記者失格だろう。

２００６年9月23日付の『東京新聞』に三宅と（株）金曜日が、武富士と同社の会長だった武井による「訴訟テロとの戦い」に勝利したという記事が出た。

武富士は、三宅が『週刊金曜日』に連載した批判記事に対し、名誉棄損だとして、1億円余の損害賠償請求訴訟を起こした。『東京新聞』には「新聞やテレビは当時、消費者金融業界への批判的報道をほとんどしていなかった」と書いてある。「書けば提訴される」という恐怖心で縛られていたのである。それでも書き続けた三宅や山岡の感じた重圧は並大抵のものではなかっただろう。勝訴会見で三宅は「マスコミはまず自らの責任を振り返るべきだ」と語った。その筆頭に『朝日』がいる。

私は当時、（株）金曜日の社長をしており、そう主張する三宅の隣に座っていたが、『朝日』の記者たちは三宅らの足元にも及ばない。

（以上、すべて敬称略）

佐高 信（さたか・まこと）

1945年山形県酒田市生まれ。慶應義塾大学卒業。高校教師、経済誌編集者を経て、評論家として独立。著書に、刊行中の『佐高信評伝選』全7巻（旬報社）、『池田大作と宮本顕治 「創共協定」誕生の舞台裏』（平凡社）、『時代を撃つノンフィクション100』（岩波書店）など多数。元『週刊金曜日』編集委員。東北公益文科大学客員教授。有料メルマガ「佐高信の筆刀両断」を配信中。

この国《くに》の会社《かいしゃ》のDNA《でぃーえぬえー》

2022年11月25日　第1刷発行

著者	佐高《さたか》 信《まこと》
発行者	寺田俊治
発行所	株式会社 日刊現代 〒104-8007 東京都中央区新川1-3-17 新川三幸ビル 電話 03-5244-9600
発売所	株式会社 講談社 〒112-8001　東京都文京区音羽2-12-21 電話 03-5395-3606
編集担当	中田雅久
表紙／本文デザイン	伊丹弘司
校正	宮崎守正
本文データ制作	株式会社キャップス
印刷所／製本所	中央精版印刷株式会社

ISBN978-4-06-530352-8